소셜커머스

쿠폰 하나로 세상을 바꾸는
아이디어형 비즈니스

소셜커머스
쿠폰 하나로 세상을 바꾸는 아이디어형 비즈니스

1판 1쇄 발행 2011년 02월 10일
1판 2쇄 발행 2011년 03월 30일

지은이 구본창
펴낸이 서채윤
펴낸곳 채륜
표지·본문디자인 Design窓 (66605700@hanmail.net)

등록 2007년 6월 25일(제25100-2007-000025호)
주소 서울 광진구 군자동 229
대표전화 02-6080-8778 | **팩스** 02-6080-0707
E-mail chaeryunbook@naver.com
Homepage www.chaeryun.com

책값은 뒤표지에 있습니다.
ISBN 978-89-93799-33-0 03320

소셜커머스

쿠폰 하나로 세상을 바꾸는
아이디어형 비즈니스

구본창

채륜
CHAE RYUN

2년 전 미국산 쇠고기 수입에 반대하는 촛불시위를 보면서 세상
이 바뀌고 있다는 것을 실감했다. 인터넷 카페와 블로그, 그리고 핸
드폰의 문자 메시지에 의한 전파력만으로 수십만 명의 군중이 서울
광장에 모이는 것을 보면서, 지금까지 역사발전의 뒷전에서 주로 수
동적 존재로만 머물렀던 시민들이 적극적인 주체로 나서는 것을
보면서 놀랐고, 또 이런 변화를 뒷받침하는 인터넷의 어마어마한 위
력에 놀랐었다.

1년 전 미국에서 소셜커머스라는 낯선 아이템으로 대박신화를
만들어가는 그루폰을 보면서 세계적인 IT강국인 한국에서 이 아이
템의 발전 가능성이 무한하다는 생각을 하게 되었고, 그래서 그루
폰의 사업과정을 관심 있게 지켜보던 중 미국 유학생 출신들이 한
국에서 소셜커머스 창업을 하는 것을 보면서 필자도 소셜커머스 창
업을 생각하게 되었다.

그리고 스마트폰의 보급이 빠른 속도로 진행되는 것을 보면서 이
아이템의 성공 가능성에 대해 확신을 하게 되었고, 그래서 필자와
절친한 후배 5명을 모아서 소셜커머스 창업 준비를 시작했다.

필자는 서울대 운동권 출신 3명의 백수(?)를 끌어들여 운동권 출신 특유의 치밀한 사고와 과감한 추진력으로 성공신화를 만들어냈던 웅진그룹의 초기 창업과정에 대해 깊은 인상을 받았었기 때문에 20년 동안 사회운동을 했던 후배 5명과 함께 창업을 하게 되었다.

그런데 창업을 준비하면서 식구들은 물론이고 주변의 친구들로부터 수도 없는 반대의 목소리를 들어야 했었다. 첫째는 40대 후반에 새로운 사업을 벌인다는 것에 대한 반대였고, 둘째는 40대 후반인 필자와 40대 중반인 창업멤버들이 20~30대 소비자들의 소비 패턴을 제대로 읽어낼 수 있겠느냐는 것이었다.

전자에 대해서는 성공을 확신했기 때문에 무시했지만, 후자에 대해서는 필자도 심각하고 진지하게 고민을 했었다. 그래서 내린 결론은 세대차이의 한계를 극복하는 것이 결코 쉬운 일이 아니라는 생각 때문에 소셜커머스 메타사이트가 더 맞는 아이템이라는 것이었다.

그리하여 5명의 후배와 함께 소셜커머스 메타사이트 창업을 하게 되었고, 필자의 아파트에서 같이 먹고 자고 하면서 소셜커머스 비즈니스를 시작했다.

이 책에서 필자가 풀어내는 이야기는 필자 자신의 정보와 분석보다는 5명의 후배가 제공한 정보와 분석의 비중이 더 높다.

이들 5명은 비록 미국 MBA코스를 밟지는 않았지만, 서울대와 연세대를 다니는 동안 민주화 운동에 뛰어들면서 십수 년간 치열한 삶의 현장에서 몸으로 부대끼며 살아온 탓에 누구보다도 더 치밀하고 정확한 분석력을 가진 사람들이다. 따라서 이들의 지식을 기반으로 필자가 풀어낼 소셜커머스 이야기가 독자들에게 충분히 경청할 만한 이야기가 되리라고 믿는다.

Part 02

소셜커머스 마케팅 Vs 대기업 광고
-다윗과 골리앗 대결의 승자는?

Part 03

소셜커머스 한계는 없는가

Part 01

인터넷 비즈니스의
혁명,
소셜커머스가 다가온다

평범한 29세 청년의
아이디어로 시작된 그루폰 신화

그루폰의 신화는 2008년으로 거슬러 올라간다. 피츠버그 출신의 29세 청년인 앤드루 메이슨은 평범한 월급쟁이 프로그래머였다. 그는 노스웨스턴 음대를 졸업했지만 음악가로서의 특별한 재능이나 꿈이 있는 것이 아니었기 때문에 보통의 미국 젊은이처럼 단기과정의 프로그래머 교육과정을 밟고 작은 IT기업의 월급쟁이로 일하면서, 주말이면 소파에 누워 팝콘을 먹으며 미식축구 경기를 시청하는 평범한 일상 속에 살아갔었다.

그러던 어느 날 그의 머릿속에 문득 이런 아이디어가 떠올랐다.

사람들이 그룹으로 모여 쿠폰을 활용하게 하면 싼값으로 물건을 구매할 수 있지 않을까?

다음날 회사에 출근하여 자신의 아이디어를 동료들에게 진지하게 설명했지만 아무도 그의 말에 귀를 기울이지 않았다. 실리콘밸리나 IT와 전혀 상관없는 음대출신이었고 평범한 월급쟁이 프로그래머의 아이디어가 사람들의 관심을 끌기는 어려웠다.

하지만 그는 이 아이디어가 충분히 가능성이 있는 사업이라고 확신했다. 2008년 미국이 극심한 경제 불황에 시달리면서 소비자들은 가격할인에 목말라했고, 이전까지는 은퇴한 노인들의 취미에 불과했던 할인쿠폰 모으기에 여피족들(도시를 기반으로 전문직에 종사하는 젊은이)까지 가세할 수 있다는 생각이 들었기 때문이다.

그는 시카고의 허름한 창고에서 작은 회사를 시작했다. 회사 이름도 소비자들에게 쉽게 인식될 수 있도록 그룹과 쿠폰을 결합한 그루폰으로 정했다. 그러나 그가 만든 회사에 주목하는 사람은 아무도 없었다. 모두들 '저러다가 말겠지' 하는 생각으로 그루폰을 무시했다.

하지만 그의 아이디어는 적중했다. 시카고 마천루를 배를 타고 관광하는 25달러짜리 여행상품을 12달러에 판매했고, 판매 8시간 만에 19,822장의 쿠폰을 팔아치워 수익금 237,864달러를 여행사와 절반씩 나눠 가진 것이다.

사람들의 무시 속에 사업을 시작한 그루폰은 2010년 예상 매출액이 5억 달러며 기업 가치는 12억 달러를 넘었다. 또한 구글과 아마

존이 5년 만에 겨우 달성한 10억 달러 매출의 기록을 3년 만에 갈아
치울 것으로 예상되고 있다.

그루폰이 이런 대박을 이루어낸 비결은 의외로 단순하고 명쾌하
다. 하루 한 가지 상품을 50% 이상 할인된 가격에 구매할 수 있는
쿠폰을 판매하면서, 소비자들에게 이 쿠폰을 갖고 싶으면 트위터나
페이스북을 통해서 손님을 데려오라는 것이다. 그리고 손님을 데려
온 고객에게는 10달러를 주겠다는 것이다.

세상에는 앤드루 메이슨보다도 더 기발한 아이디어를 가진 사람
들이 수도 없이 많다. 하지만 성공하는 사람은 1%에 불과하다. 아무
리 기발하고 좋은 아이디어라도 직접 시도하지 않으면 쓸모없는 공
상일 뿐이기 때문이다.

소셜커머스의 원조인 그루폰

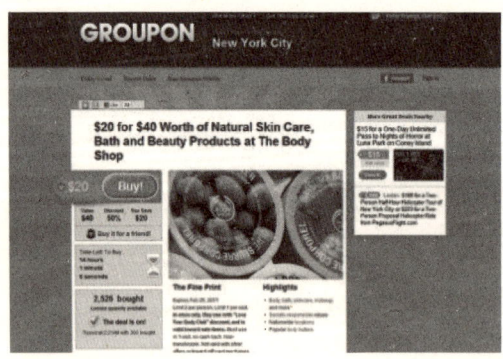

source: www.groupon.com

그루폰,
한국의 중소형 벤처업체를 인수하다

그동안 한국의 소셜커머스 업체 몇 곳에 러브콜을 보내며 인수협상을 하려고 했던 미국의 그루폰 관계자들이 지난 2010년 9월 직접 한국을 찾아왔다. 원래는 한국 소셜커머스 업체의 CEO를 홍콩으로 불러 원정협상을 할 계획이었는데 별다른 반응을 보이지 않자 직접 한국으로 와서 선두주자 몇 개 업체와 인수협상을 진행하게 된 것이다.

그루폰이 한국시장의 진출을 위해 이렇게 적극적으로 나선 이유는 무엇일까

그것은 소셜커머스 시장으로서 너무나 매력적인 조건들을 갖추고 있기 때문이다. 한국은 초고속 인터넷 보급률이 세계 1위며, 트위터와 페이스북이 엄청난 속도로 확산되고 있고, 세계 10위권의 경제 대국이다. 또한 스마트폰 보급 확산은 물론, 구매력을 갖고 있는 소비자의 규모도 크다. 게다가 값이 싸고 품질이 좋은 상품이라는 입소문이 나면 일제히 몰려가서 싹쓸이하는 특유의 국민성까지 있기 때문에 어떤 나라보다도 시장 가치가 매우 높다.

그런데 한국이 소셜커머스 시장으로서 가능성이 아무리 엄청나다고 해도 아직 소셜커머스 사업은 기초 단계라는 것을 고려한다면, 그루폰이 한국의 소셜커머스 업체인수를 위해 이렇게 적극적으로 나오는 것은 상당히 이례적인 현상이라고 볼 수 있다.

그렇다면 기업가치 '12억 달러'가 넘는 기업인 그루폰이 한국의 중소형 벤처기업 인수를 위해 이렇게 적극적으로 나서는 이유는 무엇일까?

그 이유는 2가지로 설명할 수 있다.

첫째, 소셜커머스 사업의 특성상 해당 지역의 소셜커머스 업체를 인수해서 진출하는 것이 리스크를 줄일 수 있기 때문이다.

현재 소셜커머스 사업을 시작한 창업자들은 대부분 소셜커머스의 핵심은 마케팅이라고 생각한다. 그런데 이것은 소셜커머스의 핵심이 무엇인지에 대한 엄청난 착각이다. 소셜커머스의 최고 우선순위는 '상품 소싱 능력'이며, 이것이 제대로 되지 않으면 마케팅 능력은 아무런 의미가 없다. 그래서 소셜커머스의 사업 확장은 해당 지역의 소셜커머스 업체를 인수해서 상품 소싱 능력을 확보해야만 리스크를 줄일 수 있다.

그루폰이 미국에서 규모를 키울 때, 그리고 해외시장에 진출할 때 반드시 해당 지역 업체를 인수하는 방식을 선택한 이유도 바로 상품 소싱 능력의 확보 때문이며, 한국진출을 위해 국내의 중소형 벤처기업 인수를 적극적으로 추진하는 것도 바로 이런 이유 때문인 것이다.

둘째, IT강국인 한국에서 소셜커머스 시장의 성장 속도는 예측하기 어려울 만큼 **빨라서** 진출 속도를 늦출수록 인수비용이 커질 수밖에 없을 것이라 생각하기 때문이다.

2010년 초까지만 해도 소셜커머스는 존재감을 느끼기 힘들었었다. 그런데 2011년에는 소셜커머스의 시장 규모가 3천억이 넘는다는 예상이 나오면서 소셜커머스 업체가 이미 160개를 넘었고, 메타 소셜커머스 업체만 해도 20개가 넘는다. 게다가 웅진, 다음, 인터파크, 그리고 신세계 백화점까지 이 사업에 뛰어들고 있고, 소셜네트워크의 기반이 되는 스마트폰의 보급 대수가 내년이면 2천만 대를 넘길 것이라고 한다.

소셜커머스 시장, 출범 5개월만에 '빅뱅'

최근 신 유통 채널로 각광받고 있는 국내 소셜커머스 시장이 출범 5개월 만에 빅뱅의 시대를 맞고 있다. 내년에 시장규모가 3,000억 원까지 급팽창할 것으로 예상되는 가운데 국내외 대기업들의 신규진출이 러시를 이루면서 벤처

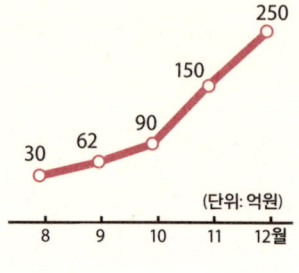

(단위: 억원)

국내 소셜커머스 시장 규모
source: 씽크리얼즈

기업 위주의 시장판도에도 변화가 몰아칠 것으로 전망된다.

source: 한국경제 신문 2010년 10월 20일

그루폰의 입장에서 보면, 한국의 소셜커머스 시장이 엄청난 속도로 커지고 있어서 진출시기가 늦어질수록 업체를 인수하는데 들어갈 비용도 늘어날 것이 분명하기 때문에 최대한 진출 시기를 앞당겨야만 하고, 그러기 위해서는 한국의 중소형 소셜커머스 업체인수를 위해 적극적으로 나설 수밖에 없는 것이다.

네이버와 인터파크가 소셜커머스에 뛰어들고 있다

2010년 5월까지만 해도 존재감조차 없었던 소셜커머스 벤처업체가 지금은 하루에 한 개꼴로 생겨나서 160개 업체를 넘었다. 그리고 웅진그룹을 시작으로 대형 포털사이트 다음, 싸이월드의 SK커뮤니케이션, 신세계 백화점은 물론이고, 심지어 인터넷 쇼핑몰인 인터파크까지도 소셜커머스 사업을 시작하면서 10년 전 있었던 벤처붐이 일어날 조짐을 보이고 있다.

그런데 기업의 규모와 상관없이 이렇게 너도나도 소셜커머스 사업에 목숨 걸고 뛰어들게 된 이유는 무엇일까?

그 이유는 다음과 네이버의 카페들을 한번만 둘러보면 곧바로 해답이 나온다. 다음과 네이버 카페 중에는 회원 수가 '1만 명'이 넘는 곳들이 셀 수 없을 만큼 많다. 이런 대형카페를 운영하려면 엄청난 시간과 공을 들여야 한다. 그런데 지금까지는 이렇게 시간과 공을 들여 봐야 한 푼도 수익이 생길 수가 없었지만, 이제는 달라진 것이다. 소셜커머스의 기반이 되는 소셜네트워크를 이미 확보한 이들에게 소셜커머스는 너무나 매력적인 사업이다. 그래서 잠재적인 소셜커머스 창업자가 얼마나 될지 누구도 판단하기 어려울 만큼 널려 있는 것이다.

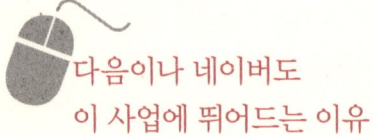

다음이나 네이버도
이 사업에 뛰어드는 이유

평소에 다음이나 네이버를 이용하는 네티즌들은 이런 의문을 가져 본 적이 있었을 것이다.

네이버의 금년도 수익이 3천억이라고? 네이버는 물건을 파는 것도 아니고 이용요금을 받는 것도 아닌데 어떻게 3천억을 벌 수 있지?

네이버는 물건을 팔지도, 이용요금을 받지도 않는다. 하지만 검색어, 즉 키워드를 판매해서 엄청난 돈을 벌어들이고 있다. 그런데 국내 검색시장의 점유율 70%를 차지하고 있는 네이버, 12%를 차지하고 있는 다음에게 페이스북과 트위터라는 막강한 도전자가 등장한 것이다. 페이스북은 사이트에 머무는 시간을 기준으로 하면 세계 검색시장 1위인 구글을 이미 눌렀고, 한국에서도 페이스북의 이용자가 이미 150만 명을 넘을 정도로 증가속도가 무섭기 때문에 네이버와 다음을 위협하고 있는 것이다.

그리고 네이버와 다음을 더 긴장시키는 것은 트위터와 페이스북은 시간이 갈수록 종속도가 높아지는 소셜네트워크라는 것이다. 예를 들어 네이버를 이용하던 사람이 다음으로 옮겨가기는 쉽지만 팔로워가 1만 명인 사람이 트위터에서 다른 포털로 옮겨갈 가능성은 희박하기 때문이다.

그래서 네이버는 '미투데이', 다음은 '요즘'이라는 이름으로 소셜커머스 사업에 진출하지 않을 수 없는 것이다.

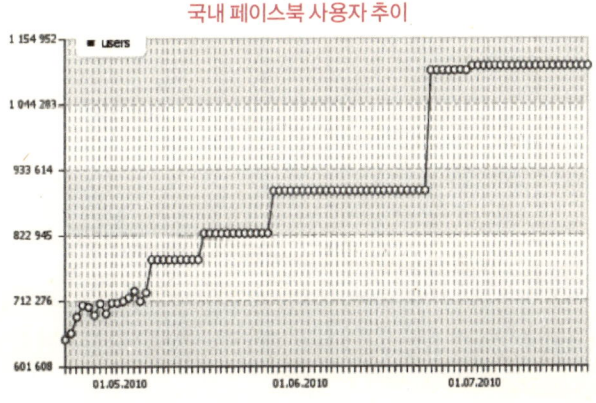

source: Facebakers.com

싸이월드의 고민, 엄청난 트래픽이 수익으로 연결되지 못하다

그동안 SK커뮤니케이션은 엄청난 비용을 투자해서 싸이월드를 인수했고, 이를 통해 엄청난 트래픽이 발생하지만, 이것을 수익으로 연결하는 방법이 없다는 것이 고민거리였다. 특히 순위가 '3위'권 밖에 있는 포털업체들은 엄청난 트래픽이 발생되는 사이트를 유지하기 위해 매년 거액의 자금을 쏟아 부으면서도 정작 수익은 전혀 발생하지 않는 것 때문에 사이트 자체가 애물단지가 된 실정이었다. 관객은 모으지 못하면서 밥만 축내는 동물원의 코끼리로 전락한 것이다.

아래 도표에서 나타나듯이 SK커뮤니케이션은 2007년부터 4분기 단 한 차례만 57억 원 흑자를 기록했을 뿐 장기적인 적자의 늪에서 빠져나오지 못하고 있다. 이런 실정에서 소셜커머스는 이미 확보

SK커뮤니케이션 3년간 분기별 영업 이익 현황

source: 에프앤가이드

된 엄청난 트래픽을 수익으로 연결시킬 수 있는 유일한 돌파구가 될 수 있기 때문에 SK커뮤니케이션은 이 사업에 뛰어들 수밖에 없는 것이다.

인터넷 쇼핑몰인 인터파크의 소셜커머스 진출은 웅진그룹이 진출한 것과는 전혀 다른 성격이라 볼 수 있다.

웅진은 새로운 분야로의 진출이기 때문에 사업 확장의 개념이지만, 그동안 인터넷 쇼핑몰이었던 인터파크의 진출은 사업 확장이 아닌 근본적인 변신인 것이다. 말하자면 일식 전문점이던 식당이 한식 전문점으로 변신하는 것과 같다.

물론 얼핏 보면 똑같은 인터넷 쇼핑몰 사업이라는 점에서 사업 확장으로 비쳐지기도 한다. 하지만 기존 인터파크 쇼핑몰과 소셜커머스 쇼핑몰은 할인율의 차이가 워낙 크고, 취급할 수 있는 상품의 종류도 달라서 인터파크라는 쇼핑몰의 성격 자체가 근본적으로 변할 수밖에 없다.

만약 인터파크에 올라온 상품들이 한쪽은 10% 할인이 되고, 다른 한쪽은 50% 할인이 되는 것으로 양분된다면, 소비자들은 당연히 50% 할인이 되는 쪽으로만 몰리게 될 것이고, 그렇게 되면 인터파크의 기존 쇼핑몰은 자연적으로 유명무실해질 수밖에 없다.

그런데 인터파크가 변신할 수밖에 없도록 만드는 시장의 변화는 무엇일까

인터파크와 옥션은 상점에 직접 가지 않고도 물건을 구입할 수 있고, 오프라인 가격보다 더 싼 가격으로 구입할 수 있다는 장점이 있었다. 그러나 이러한 장점은 TV 홈쇼핑이 활성화되면서 매력을 잃었고, 또 카드사와 상점 간의 제휴를 통한 할인혜택이 늘어나면서 매력을 잃었다. 더구나 소비자들이 소셜커머스의 파격적인 '50% 할인'에 열광하면서, 장기적으로 볼 때 기존 인터넷 쇼핑몰 운영방식으로는 생존이 어렵다는 위기의식을 느끼게 되었기 때문이다.

아래의 도표를 보면 인터파크의 위기를 한눈에 알 수 있다.

인터파크 2010년 2/4분기 실적

	2010년 2분기	2010년 1분기		2009년 2분기	
	당기실적	전기실적	전기 대비증감률	전년동기실적	전년동기 대비증감률
매출액	20.9억	21.5억	-3.1%	17.9억	16.2%
영업이익	-76.1억	-25.5억	적자지속	-84.6억	적자지속
경상이익	-60.0억	7.1억	적자반전	3,757.9억	적자반전
당기순이익	-65.8억	2.7억	적자반전	2,838.8억	적자반전

source: 2010년 8월 13일 인터파크 공시

소셜커머스가 서비스 업종 전체에 미칠 나비효과

이 책을 읽는 독자들은 아마도 나비효과라는 말을 한번쯤은 들어본 적이 있을 것이다. 브라질에 있는 나비의 날갯짓이 미국 텍사스에 토네이도를 발생시킬 수 있다는 자연과학의 이론인데, 일반적으로는 작고 사소한 사건 하나가 엄청난 변화를 불러일으킨다는 의미로 쓰이고 있다.

그런데 나비효과는 단순한 이론이 아니다. 단지 우리가 인식하지 못하고 있을 뿐 주변에서 쉽게 볼 수 있는 현상이다. 예를 들어 20년 전만 해도 도시 중심가에는 커피를 파는 다방이 수도 없이 많았다. 그러나 핸드폰이 나오면서 다방들이 점차 문을 닫기 시작해서 지금은 도시에서 다방을 찾아보기 힘들 정도다.

커피를 파는 다방과 핸드폰은 전혀 관련이 없어 보일 것이다. 하지만 원래 다방을 찾는 손님들은 커피를 마시러 가는 경우보다는 사람을 만나러 가거나, 약속 시각을 기다리며 시간을 때우거나, 혹은 전화를 받기 위해 기다려야 할 때 찾는 경우가 더 많았었다. 그런데 많은 사람들이 핸드폰을 갖게 되면서 약속 시각이 되기 전에 수시로 위치를 확인했고, 전화를 받기 위해 다방에 들어가 있어야 할 필요성이 없어지면서 다방을 찾는 손님의 숫자가 급격히 줄어들게 된 것이다.

현재까지 소셜커머스 사이트들은 주로 공연, 식당, 스파, 여행 등의 상품으로 한정되어 있다. 그러나 한 가지 분명한 것은 앞으로 소셜커머스가 제공하는 상품은 짐작할 수도 없을 만큼 광범위해질 것이며, 서비스업종 전체에 엄청난 지각변동을 일으키리라는 것이다.

예를 들어 돌잔치, 칠순잔치 등의 행사 진행비도 반값으로 떨어질 소지가 충분하다. 그럼 돌잔치, 칠순잔치 등의 행사진행비가 어떻게 반값에 떨어질 수 있을까?

돌잔치나 칠순잔치 비용은 일반 서민들에게 다소 부담스러운 액수다. 그런데 행사 비용이 높은 원인은 행사진행에 들어가는 원가가 높아서가 아니다. 애조에 비용을 산정할 때 거품이 들어 있기 때문이며, 거품이 들어가는 원인은 업종의 특성 때문이다.

돌잔치, 칠순잔치 업체들은 대체로 한 달에 '10일' 정도를 일하고 나머지 '20일'은 쉬게 된다. 이렇게 쉬는 이유는 재충전을 위해서가 아니라 고객확보가 어렵고 일감이 없기 때문이다. 그래서 '10일' 동안에 한 달 치의 수입을 모두 벌어야만 하는 것이다. 더구나 이들은 고객확보를 위해 광고를 할 방법도 마땅치 않다.

그러나 한 달 내내 일감을 안정적으로 확보만 할 수 있다면 비용은 당연히 반값으로 떨어질 것이다.

이뿐만이 아니다. 나이트클럽을 비롯한 모든 유흥업소의 서비스 이용가격에는 엄청난 거품이 들어 있고, 거품이 들어갈 수밖에 없는 것은 근본적으로 고객확보가 불안정하면서도 광고수단이 마땅치 않다는 데 있다.

그래서 소셜커머스가 가져올 서비스 업종의 지각변동은 상상하기 힘들만큼 엄청날 것이라 보인다.

〈밤 문화 50% 할인〉이라는 소셜커머스 홈페이지

TV나 신문을 통해 소개되는 성공한 기업의 사장들은 한결같이 이런 말을 한다.

밤을 새우며 품질향상에만 몰두했습니다. 품질만 좋다면 절대로 실패하지 않습니다.

물론 기업이 성공하려면 품질향상이 최우선이라는 것은 너무도 당연한 말이지만, 품질만 좋으면 성공할 수 있다는 말은 공허한 '립 서비스'일 뿐이다.

15년 전 중소기업에서 만든 '한우물'이라는 정수기가 있었다. 이 정수기는 웅진에서 판매하는 정수기에 비해 품질도 좋았고, 가격도 저렴했다. 하지만 이 정수기를 개발한 회사는 판매를 시작한 뒤 1년 만에 문을 닫았다. 그 이유가 무엇이었을까? 바로 광고 때문이었다.

웅진 정수기는 TV와 신문 광고를 통해 수없이 소비자들에게 알려졌지만, 중소기업의 정수기는 좋은 품질을 소비자들에게 알릴 방법이 없었던 것이다. 소비자들이 알지도 못하는 정수기를 살 리는 없었다.

그래서 TV와 신문 광고를 할 수 없는 중소기업들은 막강한 자금력을 앞세운 대기업의 공격을 최대한 피해 가는 것 말고는 달리 방법이 없었고, 아무리 품질이 우수해도 소비자들의 입소문을 타고 알려지기도 전에 망해버리는 경우가 대부분이었다.

국내 스마트폰 판매량 추이

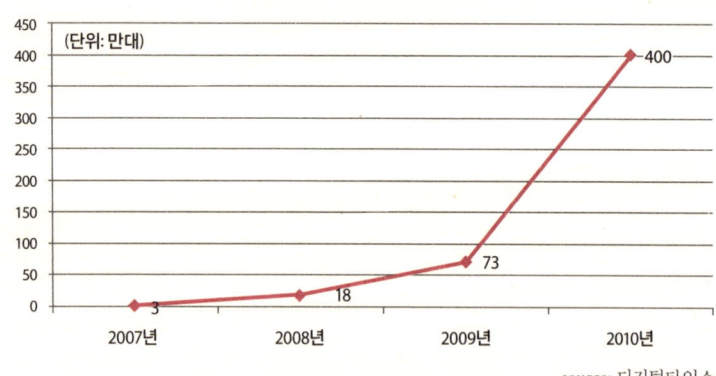

source: 디지털타임스

지금까지의 유통시장은 공중파 방송과 조선·중앙·동아일보의 광고위력이 너무나 막강했던 반면에, 소비자들의 입소문은 전파속도가 너무 느려서 사실상 무의미하기까지 했었다. 그러나 스마트폰의 보급이 확산되면서 유통시장에 근본적인 변화가 일어나기 시작했다.

스마트폰으로 장소에 상관없이 어디서든 인터넷 접속이 가능해지고 트위터와 페이스북을 통해 다수의 사람과 실시간 소통이 이루어지면서 소비자들 입소문의 전파속도가 TV와 신문보다 빠르게 되었다. 게다가 인적 네트워크를 기반으로 하는 소비자들의 입소문 위력은 TV와 신문보다 더 큰 영향력을 갖게 되었다. 현재 국내 스마트폰 가입자는 2011년에 2,000만 명이 될 것으로 예상되고 있다.

그리고 이러한 환경의 변화 속에서 소셜미디어와 상거래가 결합된 소셜커머스의 탄생은 유통시장의 질서를 근본적으로 뒤흔들기 시작했다.

그동안 판매의 대상이기만 했던 소비자들이 반값으로 할인된 상품을 구매하기 위해 트위터와 페이스북을 통해 스스로 판매의 주체로 나서게 되는 희한한(?) 상황이 생겨난 것이다. 뿐만 아니라 광고할 능력을 갖추지 못했던 중소형 업체들이 소셜커머스를 통해 자기 상품을 광고할 수단을 갖게 된 것이다.

예를 들어, 중소형 레스토랑에서 3만 원에 판매되는 스테이크를 300명 이상의 공동구매가 이루어질 경우에 반값으로 할인하여 판매할 수 있게 되었다. 만약 공동구매가 성사되면 광고비 대비 홍보 효과를 100% 누릴 수 있고, 성사되지 않더라도 광고비용은 자연적으로 없어진다. 이전까지 홍보하고 싶어도 광고비 리스크 때문에 할 수 없었던 중소형 업체들에 착한 광고 시스템이 생겨난 것이다.

결론적으로 스마트폰의 보급을 통해 소비자들의 입소문이 엄청난 광고효과를 갖게 되었고, 소비자들의 입소문을 기반으로 하는 소셜커머스가 기존의 유통시장에 엄청난 변화를 몰고 오게 된 것이다.

Part 02

소셜커머스 마케팅

Vs

대기업 광고

-다윗과 골리앗 대결의 승자는?

소셜커머스는 헝그리 복서가 괴력을 발휘할 수 있는 비즈니스다

배고픈 사람의 열정은 식지 않는다

필자가 소셜커머스 창업을 결심했을 때 아내는 물론이고 온 식구가 반대했었다. 더구나 반가격닷컴 창업 멤버들의 이력을 알게 되자 친척들까지 미쳤다고 하면서 한마디씩 했었다.

민주화 운동을 했지만, 어쨌든 모두 전과자네?

명문대 출신이라고는 하지만, 모두 졸업장이 없네?

평생 시위선동하고 감옥에만 들락거렸던 사람들이 사업을 제대로 하겠어?

대기업에서 잘 나가다가 사업을 하겠다고 뛰쳐나온 사람들도 망하는데, 직장생활조차 해 본 적 없는 40대들이 사업을 하면

100% 망하지!

그런데 이런 말을 들으면서도 이들을 주축으로 하는 소셜커머스 사업이 성공할 수 있다는 자신감을 갖게 된 근거는 아주 간단명료하다. 배부른 사람의 열정은 금방 식지만, 배고픈 사람의 열정은 식지 않는다. 그렇기 때문에 배고픈 5명이 주축이 된 소셜커머스 사업은 성공할 확률이 높다.

페이스북 창업자가 한국에서 소셜커머스를 창업했다면 성공했을까

소비자들에게 스테이크를 반값으로 판매하는 쿠폰 한 장을 팔기 위해서는 다음과 같은 영업단계가 필요하다.

먼저 스테이크 맛이 좋다고 소문난 레스토랑들을 찾아내고, 실제로 맛이 좋은지를 확인해야 한다. 그런 뒤에 레스토랑 사장에게 광고를 위한 반값 판매를 설득해야 한다. 그러나 맛이 좋다고 소문난 레스토랑 사장은 대체로 반값 판매를 하면서까지 광고할 필요를 느끼지 못하는 경우가 대부분이기 때문에 적절한 상품을 발굴하려면 결국 수많은 업체를 발로 뛰며 영업을 해야 한다. 그리고 이 과정에서 때로는 잡상인 취급을 받거나 문전박대를 당하는 경우도 감수해야만 한다.

그리고 어렵게 상품을 발굴하여 쿠폰을 판매하고 난 뒤에도 고객들의 끊임없는 문의와 컴플레인에 대한 A/S를 해야 하며, 때로는 극소수지만 악의적인 소비자들의 터무니없는 요구와 항의에 대해 극도의 인내심을 발휘해야 하는 경우도 생긴다.

이런 과정에서 필요한 것은 창의적인 아이디어보다 땀과 열정이 무엇보다 중요하다. 페이스북 창업자인 마크 주커버그가 국내에서 소셜커머스 사업을 한다면, 성공 확률이 낮다고 판단한다. 하버드대학에 다니는 부잣집 아들은 근본적으로 이런 인내심을 발휘하면서까지 이 사업을 할 필요성을 느끼지 못하기 때문이다. 한국에서 소셜커머스 사업을 시작한 미국 유학생 출신 중 일부가 최고의 사업환경을 갖고서도 제대로 성과를 만들어 내지 못하는 이유가 바로 여기에 있다고 생각한다. 소셜커머스 사업 초기에는 잡상인 취급을 감수하고라도 발로 뛰는 영업을 해야 하는데, 이 과정을 거치지 않고 온라인을 통해서만 영업을 하는 탓에 상품 소싱이 제대로 되지 않고, 또 고객들의 문의와 컴플레인에 대해 인내심을 발휘하며 적극적으로 대처하기보다는 될 수 있으면 피해버리는 소극적인 대처를 하는 탓에 신뢰가 쌓이지 않기 때문이다.

필자가 현재의 창업멤버를 선택한 이유에 대해 묻는 사람들에게 반가격닷컴의 시장분석 팀장이 홈페이지에 올렸던 글을 보여주었다. 필자가 왜 5명의 헝그리 복서로 구성된 반가격닷컴의 성공을 자신하는지 참고가 될 것이라 생각되어 글을 옮겨본다.

25년 전 서울대학교에 입학했을 때 가난한 시골의 농부였던 아버지는 동네에서 막걸리를 돌리셨다. 하지만 아버지의 기쁨은 오래가지 못했었다. 대학 3학년 때부터 내가 학생운동에 깊숙이 가담하면서 아버지는 수배와 도피생활을 반복하는 큰아들 때문에 늘 마음을 졸이면서 살아야 했다. 이런 일은 본인뿐 아니라 1980년대에 대학을 다닌 40대들에게는 흔히 있었던 일이었다.

28살에 만난 내 아내는 빈민운동과 환경운동을 한답시고 돌아다니는 무능한 남편 때문에 학습지 교사를 하면서 생계를 꾸려나갔다.

벤처 열풍이 불던 시절, IT 벤처기업에서 일하면서 잠시 동안 쥐꼬리만 한 월급을 갖다 주기도 했었지만, 이것도 벤처 열풍이 가라앉으면서 오래가지 못했다. 그 후로 번역일에 매달렸지만, 수입이 적고 불안정한데다가 아이들 교육비가 늘어나면서 생활이 늘 쪼들렸었다. 하지만 이미 40대 초반이 된 나이에 내가 할 수 있는 일은 거의 없었다. 그러던 중 반가격닷컴 창업에 참여하게 되면서 나는 일에 미치게 되었다. 내가 죽어라 일하면 매월 300만 원의 월급을 아내에게 줄 수 있었고, 그동안 관절염을 앓으면서도 학습지를 돌리러 하루 종일 걸어야 했던 아내가 집에서 쉴 수 있기 때문이다.

소셜커머스는 소비자들에게 필요한 상품들을 발로 뛰며 끊임없이 찾아내고, 상품의 질을 직접 검증하여 판매하는 노동집약 사업이다. 그래서 소셜커머스 사업의 성패는 책상에 앉아서 기발한 아이디어를 끊임없이 생각해내는 것보다 잡상인 취급받는 것을 감수하고 발로 뛰면서 끊임없이 좋은 상품을 제공할 업체들을 발굴하는 '영업력'에 달렸다.

이런 영업력은 배고픈 헝그리 복서가 아니면 지속하기 힘들다. 1970년대 6명의 세계 챔피언을 보유했던 한국의 프로 복싱이 1990년대 경제 강국이 되면서 한 명의 세계 챔피언도 보유하지 못할 만큼 몰락한 이유를 생각해 보면 그 이유를 충분히 짐작할 수 있을 것이다.

24억의 자본금으로도 티켓몬스터를 이길 수 없다

흔히 사업은 자본력이 가장 중요하기 때문에 소셜커머스 사이트도 자본력이 최우선이라고 말한다. 결론부터 말하면 이렇게 말하는 것은 소셜커머스 비즈니스에 대한 전문지식이 부족하거나 혹은 가진 자들에 대한 이유 없는 질투의 감정을 드러내는 말일 뿐이다.

IT산업의 성공을 위한 최우선 조건이 자본력이라고 주장한다면 다음 질문에 대한 답변을 할 수 있어야 한다.

◦ 빌 게이츠와 폴 앨런이 마이크로소프트를 창업할 때 이들은 20대 초반의 대학교 중퇴생이었다. 이들에게 큰 자본이 있었을까?
◦ 티켓몬스터도 5명의 창업자가 자본금 2억 7천만 원을 모아서 시작했다. 이들의 창업자금이 그렇게 큰 자본인가?

창업자 5명이 맨 처음에 100만 원씩 모아서 시작한 티켓몬스터

티켓몬스터는 '원어데이몰(하루에 한 가지 상품만을 판매하는 방식)' 형태로는 국내 최초의 소셜커머스 업체다. 한국 나이로 26세인 신현성 대표는 2008년 맥킨지에서 비즈니스 컨설팅을 하다가 2010년 귀국해 티켓몬스터를 창업했다.

사업 아이템은 어떻게 결정한 것입니까.

대학생 때 방학을 이용해 2주씩 한국을 방문했는데 한국의 다이내믹한 모습들이 좋았고 한번 살아보고 싶다는 생각이 들었습니다. 1월 5일 귀국했는데요. 아이템은 처음에 20개를 생각했습니다. 요식업과 정보기술IT 등 다양한 분야를 조사해 봤는데 쿠폰이라는 모델에 왠지 '필'이 꽂혔습니다. 미국에서도 그루폰Groupon이 한창 자리를 잡고 있던 시기였는데 한국엔 아무것도 없었습니다. 그런데 이 얘기를 들은 주변 사람들은 대부분 회의적이었습니다. '어떤 업체가 50%나 할인해 주겠느냐. 한국에선 불가능하다', '왜 하루 한 개냐. 무식하다. 여러 서비스를 올려야 수익이 올라갈 것'이라고 얘기하더군요.

자본금은 어떻게 마련했습니까.

공동 창업자 5명이 각자 100만 원씩 모았습니다. 잘 다니던 미국

기업을 그만두고 와서인지 부모님이 사업을 반대하셔서 금전적인 도움을 받지는 못했습니다. 1년 전 돌아가신 할머니 집에서 처음 5명이 먹고 자며 일했습니다. 라면·자장면을 주로 먹어 돈이 많이 들지 않았고 500만 원은 사이트 개발에 다 썼습니다.

source: 한국경제신문 2010년 9월 1일

반가격닷컴은 '24억'의 자본금을 갖고 시작하면서도 티켓몬스터 같은 소셜커머스 사이트와 경쟁을 피하기 위해 메타사이트(여러 소셜커머스 사이트의 상품들을 한눈에 볼 수 있는 사이트)로 사업모델을 정했다. 티켓몬스터보다 창업 자본금이 '10배'나 높지만 경쟁을 피하는 이유는 무엇일까?

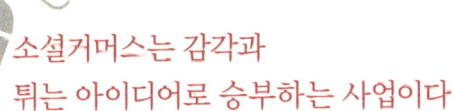

소셜커머스는 감각과 튀는 아이디어로 승부하는 사업이다

구체적으로 말하면 주된 고객인 20~30대 소비자들의 소비 패턴을 에리하게 감지하고 판단하는 감각, 그리고 소비자들의 시선을 사로잡을 튀는 아이디어로 승부하는 사업이다.

그런데 문제는 이런 예리한 감각과 튀는 아이디어는 아무리 노력

해도 생기는 것이 아니다. 필자는 어린 시절 에디슨의 명언 '천재는 99%의 노력과 1%의 영감'이라는 말을 철석같이 믿었지만 살아오면서 이 말이 평범한 사람들을 위한 립 서비스라는 것을 체감하게 되었다.

지금은 이미 신화가 되어버린 비디오 공유 사이트 〈유튜브〉가 하룻밤 사이에 반짝이는 아이디어로 탄생했다는 것을 모르는 사람이 별로 없을 것이다. 2005년 미국에서 동료였던 채드 헐리와 스티브 첸이 파티에서 찍은 비디오 파일을 인터넷으로 공유하기가 어렵다는 것에 공감하고는 그날 밤 두 사람이 머리를 맞댄 끝에 비디오 파일을 쉽게 공유할 수 있는 사이트를 만들었고, 1년 뒤 이 사이트는 1조 5천억 원에 매각되면서 두 청년을 재벌로 만들어 주었다.

그러나 이렇게 튀는 아이디어로 성공한 사례가 40대 이후의 연령층에서는 찾아볼 수 없는 것을 보면, 자신도 모르는 사이에 고정관념의 벽이 두껍게 형성되어 튀는 아이디어를 내기가 쉽지 않다는 것을 말해주고 있는 것이다. 그래서 실리콘밸리의 벤처 투자가들 사이에는 '창업자가 30세를 넘으면 투자하지 말라'는 불문율이 있을 정도라고 한다.

소셜커머스 사이트 창업을 생각했지만 메타사이트 창업으로 방향을 바꾸게 되기까지 반가격닷컴의 직원들이 나눈 대화내용이 독자들에게 소셜커머스 비즈니스의 특성을 알게 하는 데 도움이 되리라 생각하여 공개한다.

필　자 : 40대 중반인 우리가 소셜커머스 사업을 시작해서 티켓몬스
터나 데일리픽을 이길 수 있을까?

직원A : 자본금이 24억 원이면 소셜커머스 업체 중에서 자금력 순위
로 3위안에 충분히 들 겁니다. 그런데 우리가 소셜커머스 사
업을 시작해서 티켓몬스터나 데일리픽을 이기지 못할 거라
고 생각하는 이유가 뭐죠?

직원B : 자금력이나 열정이 밀리지 않는데 우리가 왜 못 이기겠어요?

필　자 : 너희들 홍대의 젊은이들이 밤새도록 노는 클럽에 가본 적
있어?

직원B : 뜬금없이 무슨 이야기를 하려는 거예요? 당연히 가본 적 없죠.

필　자 : 그러면 강남의 이탈리안 레스토랑에서 애인과 밥 먹어본 적
있어?

직원A : 당연히 없죠. 우리가 그럴 기회가 언제 있었겠어요?

필　자 : 그럼 마지막으로 하나만 더 물어보자. 너희들 대학로에서 연
극 본 적 있어?

직원C : 대체 무슨 말을 하고 싶은 거예요?

필　자 : 우리는 클럽이나 이탈리안 레스토랑도 가본 적 없고, 대학로
에서 연극을 본 적도 없어. 그런데 무슨 수로 업체를 발굴해
서 상품을 올리지?

직원A : 그야 발로 직접 뛰면서 조사하면 되고, 또 대학생 아르바이

트생을 쓰면 되죠.

필 자 : 물론 어떻게든 업체를 찾아내고 상품을 올리는 것은 할 수 있겠지. 그런데 문제는 20~30대 소비층이 좋아할만한 상품을 우리 같은 40대의 감각으로 제대로 찾아낼 수 있겠느냐는 것이지. 우리는 이탈리안 레스토랑보다 설렁탕집이 더 좋은데 말이야.

직원 B : 그렇다면 우리가 티켓몬스터나 데일리픽을 이길 수 없다는 말인가요?

필 자 : 절대로 못 이겨. 그래서 내 생각에는 소셜커머스 사이트가 아니라 메타사이트로 방향을 틀어야 할 것 같아.

직원 A : 메타사이트는 수익을 내려면 한참 기다려야 하고, 당분간 적자를 계속 봐야 할 텐데요.

필 자 : 우리가 이기기 힘든 경쟁에 뛰어드는 것보다는 장기간 적자를 봐도 우리가 이길 가능성이 높은 경쟁에 뛰어들어야 하지 않을까? 어차피 메타사이트는 사람들의 커뮤니티를 형성하는 능력으로 승패가 결정되는데 그건 너희들이 전문가잖아?

직원 B : 우리도 처음 하는 일인데 무슨 전문가요?

필 자 : 너희들 평생 해온 일이 대중을 설득하고 호소하는 것이었잖아? 그러니까 너희들이 전문가이지. 대중을 설득해서 사이트로 오게 하고 소통이 이루어지게 하면 성공하니까.

엔터테인먼트와 학원 사업에서 무기력한 모습을 보이는 대기업

이마트 피자와 기업형 슈퍼마켓(SSM)이 중소업체를 무너뜨리고 있다

이마트의 전국 34개 지점에서 피자를 판매하고 있다. 지름 45cm의 크기에 11,500원에 판매되는데 동네에서 파는 피자에 비해 맛이 월등하면서도 가격은 거의 절반 수준이다. 게다가 조선호텔 베이커리와 손을 잡아 품질에 대한 신뢰도까지 갖추어서 소비자들이 열광하고 있다. 이마트에 쇼핑을 온 소비자들이 이 피자를 사기 위해 줄을 서서 기다리면서 동네 피자가게들은 매출액이 한 달 만에 30%씩 곤두박질치고 있다. 만약 이마트 피자가 배달까지 된다면 동네 피자가게들은 모두 문을 닫아야 할 상황이다.

홈플러스를 비롯한 대기업들이 전국에 7백여 개의 기업형 슈퍼마켓SSM을 입점시키면서 동네 슈퍼마켓들이 문을 닫아야 하는 상황으로 몰리고 있다. 중소기업협회의 통계에 의하면 기업형 슈퍼마켓이 입점한 지역의 동네 슈퍼마켓 매출액이 2개월 만에 절반 수준으로 떨어졌고, 10곳 중 4곳은 6개월을 버티지 못하고 문을 닫아야 할 상황이라고 한다.

대기업의 막강한 조직력, 그리고 풍부한 자금력의 위력 앞에 동네 피자가게와 슈퍼마켓이 그야말로 속수무책으로 무너지고 있는 것이다. 그래서 어떤 업종이든 대기업이 진출하면 중소형 업체들은 망할 수밖에 없다고 생각하며, 실제로 물건을 파는 물류사업에서는 근본적으로 조직력과 자본력의 열세를 극복하는 것이 거의 불가능하다.

자금력도 '갑' 앞에서는 무용지물이다

드라마 '겨울연가'의 주인공으로 한류열풍을 일으킨 배용준의 1년 수입이 429억 원을 넘겼다. 연예인 '1인'이 곧 '걸어 다니는 기업'으로 인식되면서 엔터테인먼트 사업이 황금알을 낳는 사업이 되었다. 그래서 대기업들이 엔터테인먼트 사업에 진출하기 시작했지만 아직까지 이렇다 할 실적을 내지 못하고 있는 경우가 대부분이다.

왜 대기업의 막강한 조직력과 엄청난 자금력이 엔터테인먼트 사업에서 위력을 발휘하지 못하고 있을까?

이에 대한 설명은 가수출신으로 장나라와 한가인을 키우면서 연예계의 마이다스 손으로 인정받는 이상우씨가 한 신문에서 했던 인터뷰 내용을 참고하면 해답을 얻을 수 있다.

왜 대기업들이 엔터테인먼트 사업에 뛰어들어도 실패하는지 아세요? 이 비즈니스는 '감'이 아주 중요하거든요. 소위 '물건'을 보고 스타가 되겠다, 안 되겠다 하는 판단은 직접 해 본 사람만이 직감적으로 알 수 있어요. 그런데 그런 '감'에 대한 건 교육시키는 기관도 없지 않습니까?

엔터테인먼트 사업의 본질은 스타가 될 가능성이 있는 사람을 발굴하고 투자해서 수익을 뽑아내는 것인데, 스타가 될 가능성에 대한 판단은 전적으로 '감'이기 때문에, 이 사업에서는 대기업의 조직과 자본력이 특별한 위력을 발휘하기 힘들다는 것이다.

이런 현상은 필자가 경험했던 학원 사업에서 더 뚜렷하게 나타나고 있고 현재도 그러하다. 2000년대 초반부터 대교, 웅진, 타임홀딩스, 그리고 최근에는 대상그룹까지 대기업들이 수백억 원을 투자하며 학원사업에 뛰어들었다. 그러나 현재 이들의 성적은 너무나 초라하다.

대상그룹이 투자한 학원사업체 〈더체인지〉의 주식가격

현재가	568원	시가	618원
전일비	▼2원	고가	618원
등락률(%)	-0.35%	저가	550원

source: DAUM 증권정보

대자본이 투자한 논술전문 학원 〈엘림에듀〉의 주식가격

현재가	51원	시가	58원
전일비	▼9원	고가	59원
등락률(%)	-15.00%	저가	51원

source: DAUM 증권정보

학원을 설립하여 직접 경영했던 곳들은 적자가 누적되면서 이미 문을 닫았고, 기존의 학원을 인수해서 학원사업을 시작했던 곳들도 현재 적자누적으로 인해 운영을 계속해야 할지 문을 닫아야 할지 고심하고 있는 곳들이 대부분이다.

왜 막강한 조직과 엄청난 자본력을 갖고 학원사업에 진출한 대기업들이 이렇게 초라한 성적을 내고 있을까?

그 이유는 너무나 간단하고 분명하다. 학원사업은 '사람이 사람을 가르치는 교육'이 상품이다. 이 상품은 대량생산을 해도 생산원가가 특별히 줄어들지 않고, 또 파격적인 가격할인을 해도 소비자가 열광하지 않는 특수한 상품이기 때문이다. 그리고 특수한 상품을 판매해서 수익을 내는 노하우는 단기간의 교육으로 얻어질 수 있는 것이 아니라 직접적인 경험을 통해서만 체득될 수 있기 때문이다. 아무튼 학원사업에 진출한 대기업이 기존의 학원장들 입장에서는 '값싼 학원을 아주 비싼 값'으로 사주는 고마운 봉(?)이 된 경우가 허다하다는 점에 대해 깊이 생각해 볼 필요가 있다.

미국의 그루폰이 한국 시장에 진출했고 인터파크와 신세계 백화점이 소셜커머스 사업에 착수하면서, 중소 소셜커머스 업체들이 다음과 같은 위기감을 갖는 경우가 많다.

엄청난 자본력과 노하우를 갖고 있고 소셜커머스의 원조인 그루폰이 한국시장에 진출하면 중소 벤처기업들이 당해낼 방법이 있을까?
이미 1천만 명의 회원을 거느린 인터파크와 신세계가 소셜커머스 사업에 착수했는데 이들을 무슨 수로 당해낼 수 있겠어?

물론 중소 벤처기업들이 이런 위기감을 갖는 것은 당연하다. 이미 대박의 경험을 가진 기업들이 진출한다면 결코 만만한 상대가 아니기 때문이다. 하지만 단지 조직과 자본의 크기 때문에 이길 수 없다고 생각한다면 그것은 틀린 생각이다.

만일 소셜커머스 사업이 조직과 자본력으로 승부가 나는 사업이 었다면 애초에 그루폰도 탄생할 수 없었다. 왜냐하면 실리콘 밸리의 대기업들이 그루폰의 성장을 보면서 조직과 자금의 힘으로 밀어붙일 수 있었다면 당연히 그렇게 했을 것이기 때문이다. 그런데 그렇게 하지 못했던 것은 소셜커머스 사업이 자금력으로 밀어붙여서 되는 비즈니스 모델이 아니기 때문이다.

한국 시장에 진출한 그루폰이 중소형 벤처기업을 초토화시킬 만큼 위력적일까

아마도 쉽지는 않을 것이다. 월마트가 한국시장에서 실패하고 철수한 이유가 무엇인지, 구글이 유독 한국에서는 네이버에 밀리는 이유가 무엇인지, 이 두 가지 이유만 생각해봐도 그럴 가능성이 높지 않다는 것을 알 수 있을 것이다.

그렇다면 인터파크와 신세계의 소셜커머스 진출은 중소형 벤처기업을 고사시킬 만큼 위력적일까

이것은 이미 그렇지 않다는 것이 매출실적으로 입증되어지고 있다. 현재 인터파크와 신세계 백화점이 출범시킨 소셜커머스 업체들의 매출액은 소셜커머스 전체 업체 중 5위 안에도 들지 못하고 있다.

현재 대부분의 소셜커머스 업체는 '상품 소싱 능력'보다 '홍보능력'의 중요성을 지나치게 과대평가하는 경향들이 있다. 물론 홍보는 엄청나게 중요하고 성장을 위해 필수적인 요소이다. 하지만 근본적으로 상품 소싱이 잘 되지 못하면 고객 불만사례가 생길 수밖에 없고, 고객 불만사례가 누적되면 소셜커머스 사이트는 순식간에 한방에 갈 수도 있다.

그런 의미에서 소셜커머스 성공의 핵심은 '상품 소싱 능력'이며, 상품 소싱은 창업자가 현장을 직접 발로 뛰고 확인할 만큼의 부지런함과 열정이 없으면 제대로 되기 어렵다. 그런데 창업자가 이런 부지런함과 열정을 갖고 일하는 것이 머릿속으로는 가능하지만 실제는 힘들다.

소셜커머스가 반값 할인이 가능한 이유

소셜커머스의 개념을 잘 모르는 사람들은 누구나 이런 의구심들을 갖는다.

상품에 결함이 있지 않다면 어떤 장사꾼이 반값에 팔겠어?
반값에 파는 것이 아니라 원래 가격이 반값 아닐까?

누구나 장사를 하는 것은 돈을 벌기 위한 것이고 더구나 장사꾼은 절대로 손해 볼 짓을 하지 않을 것이므로 당연한 의구심이다. 그래서 호기심으로 소셜커머스 사이트에서 할인쿠폰을 구매한 고객은 자기가 이용한 서비스가 겉으로만 반값인지 실제로 반값인지 서비스의 퀄리티를 꼼꼼히 따지게 된다. 그리고 겉으로만 반값이었다는 느낌을 갖게 되면 다시는 이 사이트를 찾지 않을 뿐 아니라 악평을 널리 전파하는 안티가 되기도 한다.

그래서 소셜커머스 사업자는 반값에 상품을 제공하면서도 서비스 퀄리티를 원래 가격대로 유지할 수 있는 상품제공자들만을 찾아내려 노력해야 하며, 그러기 위해서는 상품판매가 반값으로 이루어질 수 있는 근본적인 원인부터 정확히 알아야 한다.

일반적으로 반값에 상품판매가 이루어질 수 있는 경우는 세 가지로 나뉜다.

첫째, 의류나 패션의 경우에는 계절이 바뀌면서 이월상품이 생기게 되고, 공산품도 유통기한이 지나거나 재고가 쌓여서 반값으로 판매가 이루어질 수 있다.

그런데 이런 경우는 사업자들이 자체적으로 덤핑을 해서 파격적인 할인율을 적용해 판매하기 때문에, 고객들이 굳이 소셜커머스를 통해서 공동구매를 할 필요도 없다.

둘째, 호텔은 비수기에 비는 방이 생기고, 공연의 경우도 평일에는 관객모집이 어렵기 때문에 반값에 판매가 이루어질 수 있다.

그런데 이런 경우는 고객의 입장에서도 비수기에 호텔을 이용하거나 평일에 공연을 관람하는 것이 별로 매력이 없고, 또 호텔과 공연 업체에서도 이미지의 하락을 염려해서 꺼리게 되는 경향이 있다.

셋째, 새로 오픈한 서비스 업체, 그리고 공격적인 마케팅을 하려는 서비스 업체의 경우에는 홍보를 위해 반값에 판매가 이루어질 수 있다.

그런데 반값에 상품이 제공되면서도 상품의 퀄리티가 유지될 수 있는 것은 엄밀히 보면 이런 경우밖에 없다. 그것도 프랜차이즈망을 가진 대형업체가 아니라 지역의 중소형 업체들이다. 이것은 소셜커머스의 원조인 그루폰의 경우를 보면 확실히 알 수 있다.

현재 그루폰에 상품을 제공하는 업체들은 주로 각 지역의 중소업체들이며, 이들이 그루폰의 좁은 문(그루폰에 판매신청을 해서 선정되는 비율이 13% 미만)을 열심히 두드리는 이유는 자체적인 홍보를 할 능력이 없어서이고, 설사 그런 능력을 갖고 있다 해도 광고비의 리스크(광고효과가 없는 경우에도 광고비는 지출된다)에 대한 부담 때문이다.

소비자들의 이기심은 소셜커머스 성장의 원동력

성경에서는 인간의 이기심을 죄악으로 보는 경향이 강하다.

욕심이 죄를 낳고 죄가 장성하여 사망을 잉태하였도다.

불경에서도 이와 비슷한 교훈을 많이 말하고 있다.

욕심으로부터 걱정이 생기고 두려움이 생긴다. 하지만 욕심이 없는 곳에는 걱정이 없으니, 두려움도 없다.

종교에서는 대체로 인간의 욕망을 부정적인 것으로 보지만 현실 세계에서 인간의 욕망이 없다면 모든 발전이 멈추게 될 가능성이 높다. 젊은 남녀들이 애정에 대한 욕망이 없으면 신생아가 태어나지 않게 되고, 잘살고 싶다는 욕망이 없어지면 누구나 열심히 일하지 않게 되고, 아파트를 지어 돈을 벌겠다는 건설업자의 욕망이 없다면 우리는 아파트에서 살 수도 없어진다.

영국의 경제학자 애덤 스미스는 그의 저서인 《국부론》에서 개인의 이기심 추구를 다음과 같이 표현하고 있다.

우리가 저녁 식사를 기대할 수 있는 것은 정육업자, 양조업자, 제빵업자들의 자비심 때문이 아니라 그들의 개인 이익추구 때문이다. 사람은 누구나 공공의 이익을 증진하려고 의도하지 않으며 또 얼마나 증대시킬 수 있는지도 알지 못한다. 그는 단지 자신의 안전과 이익을 위하여 행동할 뿐이다. 그러나 이렇게 행동하는 가운데 '보이지 않는 손'의 인도를 받아서 원래 의도하지 않았던 목표를 달성할 수 있게 된다. 이와 같이 사람들은 자신의 이익을 열심히 추구하는 가운데서 사화나 국가 전체의 이익을 증대시킨다.

애덤 스미스가 말한 위의 내용이 잘 이해가 가지 않으면 먼저 다음의 질문에 답해보라.

◦ 파리바게뜨 빵집 아저씨가 비가 오나 눈이 오나 하루도 거르지 않

고 빵을 굽는 이유는?

    1. 빵을 좋아하는 아이들을 위해서

    2. 자신이 돈을 벌기 위해서

◦ 파리바게뜨 빵집 아저씨가 빵 맛을 더 좋게 하려고 매일 밤 연구를 하는 이유는?

    1. 아이들에게 더 맛있는 빵을 먹이고 싶어서

    2. 다른 빵집보다 더 많은 빵을 팔고 싶어서

대부분 사람이 생각하는 것은 '2'번이 답이다.

빵집 아저씨가 비가 오나 눈이 오나 하루도 거르지 않고 빵을 굽는 이유는 자신의 이익을 위해서이며, 우리는 그 덕분에 언제든지 빵을 먹을 수 있는 것이다. 빵집 아저씨가 빵 맛을 더 좋게 하려고 매일 밤 연구를 하는 이유도 자신의 이익을 위해서이며, 우리는 그 덕분에 더 맛있는 빵을 먹을 수 있는 것이다.

결론적으로 시장경제는 사람들이 자신의 이기심을 충족시키기 위해 열심히 노력하는 과정에서 사회 전체의 이익도 증대된다는 생각을 바탕으로 하는 경제 시스템이며, 소셜커머스가 성공하려면 이용자들의 '이기심'이 맘껏 충족될 수 있는 시스템을 만들어야 한다는 것이다.

이용자들의 이기심 충족이 안 되면 트위터는 무용지물

　소셜커머스는 무조건 할인된 가격에 구매할 수 있는 게 아니며, 사전에 정해진 일정규모의 인원에 도달해야만 구매를 할 수 있다. 그래서 이용자가 자신이 선택한 상품을 꼭 구매하고 싶으면 이 거래가 반드시 성사되도록 자발적으로 페이스북, 트위터 등의 소셜미디어를 통해 상품을 권유하도록 만드는 메커니즘을 갖고 있다.

　그런데 이용자들이 소셜미디어를 통해 활발하게 소통하므로 입소문의 위력이 엄청나다는 것은 분명하지만 이 메커니즘만으로는 이용자들의 이기심을 자극하는 것에 한계가 있다.

　소비자는 자기가 갖고 싶은 쿠폰이 있으면 구매신청은 하지만 공동구매가 성사되지 않을까봐 노심초사하면서 고객을 끌어모으기 위해 자발적으로 나설 가능성은 현실적으로 희박하기 때문이다.

　그루폰의 경우를 보면 이용자들의 이기심을 자극하는 또 다른 장치가 있다. 이용자가 추천한 다른 이용자가 처음 쿠폰을 구매할 경우 추천한 이용자는 그루폰에게 1인당 10달러를 받게 되며, 인원수의 제한 없이 계속 받을 수 있다. 그루폰은 이런 메커니즘을 통해 이용자들이 지속적이고 적극적으로 홍보에 나서도록 할 수 있는 것이다.

엄밀히 말하면 현재 한국의 소셜커머스는 불안전한 형태이다. 왜냐하면 소비자들이 소셜미디어를 통해 거래를 적극적으로 홍보하는 식이 아니기 때문이다. 그리고 소셜미디어를 통한 소비자들의 홍보가 적은 이유는 다음의 두 가지 원인 때문이다.

첫째, 한국에서는 트위터와 페이스북을 이용하는 숫자가 적다.

아직까지 트위터와 페이스북의 이용자 숫자는 150만 명 내외이며, 연예인이나 유명인사가 아닌 일반인의 경우에는 팔로워의 숫자가 거의 없다. 참고로 한국의 트위터 팔로워 순위를 보면 1~30위 중 이외수(소설가), 김주하(MBC 앵커), 유시민(정치인), 김연아(피겨 스케이터)를 제외한 나머지 26명은 모두 연예인이다.

2010년 11월 기준 한국 트위터 팔로워 순위

1위 이외수(485,671명)

2위 슈퍼주니어 이동해(317,582명)

3위 김제동(311,888명)

4위 김연아(287,174명)

5위 김희철(283,646명)

source: 코리아 트위터

둘째, 이용자들의 이기심을 자극할 메커니즘이 실행되지 않고 있다.

앞서 그루폰처럼 이용자들이 소셜미디어를 통해 상품을 적극적으로 홍보한다 해도 본인에게 돌아오는 인센티브는 거의 없다시피하기 때문이다.

소셜커머스의 진검승부는 시작되었다

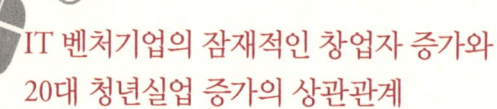

IT 벤처기업의 잠재적인 창업자 증가와 20대 청년실업 증가의 상관관계

소셜커머스 사이트가 매일 하루 한 개씩 생겨나면서 시장이 레드오션에 접어들고 있다는 우려의 목소리가 들리고 있다. 그런데 현재 상황을 레드오션이라고 규정할 수 있는지 판단하기 전에 생각해 볼 문제가 있다. 그것은 청년실업자 증가의 문제이다.

지금 우리는 '이태백(20대 태반이 백수)'을 넘어 '이구백(20대 90%가 백수)'의 시기로 접어들고 있다. 정부에서는 청년 실업을 해결하기 위해 일자리 7만 개 만들기 프로젝트를 한다고 하고, 또 각 정당과 언론들도 청년 실업을 해결하기 위한 갖가지 공약과 프로젝트를 쏟아내고 있다.

그러나 청년실업의 문제가 이런 식의 노력을 통해 해결될 것으로 믿는다면 세상의 변화를 읽어내지 못하는 답답한 청년일 가능성이 아주 높다. 필자가 단언하건대 현재의 청년실업은 이런 식의 노력으로 해결될 수 있는 것이 아니며 청년실업의 비율은 앞으로도 더 늘어날 수밖에 없다.

왜냐하면 기술의 발전으로 정보화 사회로 진입할수록 인력이 불필요해지고 청년실업자는 더 늘어날 수밖에 없기 때문이다. 간단하게 설명하면 산업사회가 되면서 기계 한 대가 수십 명의 단순 노동자 역할을 대신했던 것처럼, 정보화 사회에서는 컴퓨터 한 대가 수십 명의 사무 노동자 역할을 대신하기 때문에 인력이 불필요해지면서 청년 실업자가 늘어날 수밖에 없다.

그리고 현재 청년실업자의 증가는 한국에서만이 아니라 세계적인 문제이며 일반적으로 선진국에서는 이런 문제가 덜 할 것으로 생각하지만 실제는 그 반대이다. 정보화 사회로 진입한 선진국인 미국, 영국, 프랑스 같은 나라에서 청년실업의 문제가 더 심각한 사회문제로 대두되고 있다.

세계 경제위기가 닥치기 이전의 10년 동안 청년 실업자가 연평균 20만 명씩 증가했던 것에 비해 2009년에는 한 해에 무려 670만 명이나 증가했다. 이 같은 추세는 더 많은 젊은이들을 노동시장에서 밀어내서 잃어버린 세대로 만드는 결과를 초래할 것이다. 개발도상국에서는 불완전 고용과 빈곤이 문제였지만 선진국에서는 청년실업이 문제였다. 선진국의 청년 노동인구는 전 세계 청년 노동인구의 10%에 불과하지만 청년 실업률이 45%나 증가했다.

source: 2010년 ILO(국제노동기구) 보고서

그런데 세계 최고의 대학진학률을 자랑하고 인터넷 인프라가 잘 갖추어진 한국에서 성장한 청년 실업자들이 선택하는 분야가 어떤 쪽이 될지를 생각해보면, IT 벤처기업의 잠재적인 창업자가 폭발적으로 늘어날 수밖에 없다는 것을 쉽게 짐작할 수 있을 것이다.

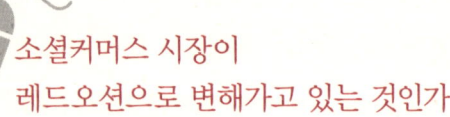

소셜커머스 시장이 레드오션으로 변해가고 있는 것인가

IT 벤처기업의 잠재적 창업자가 엄청난 숫자임을 감안한다면 소셜커머스 사이트가 매일 하루에 한 개씩 생겨나는 현재 상황을 레드오션이라고 말하기는 어렵다. 하지만 어쨌든 소셜커머스 사이트의 숫자가 급격히 늘어나면서 사이트들이 상품을 판매하고 받는 수수료가 매출액의 평균 15%였던 것이 이제는 8%까지 떨어지고 있기 때문에 레드오션의 상황으로 체감되는 것은 당연한 현상이라 생각된다. 그리고 소셜커머스의 수익률이 이렇게 떨어지면서 입점한 소셜커머스에게서 수수료 받는 것을 수입원으로 하는 메타사이트가 수익을 낼 수 있는 시기가 언제 올지 기약조차 하기 힘든 상황이다.

그러나 소셜커머스 시장이 레드오션이 되어서 시장전망이 어둡다는 주장은 틀린 주장이다. 왜냐하면 소셜커머스 시장의 규모는 하루가 다르게 커지고 있고 또 앞으로 어느 정도의 규모로 커질지 예측조차 할 수 없을 만큼 폭발력이 엄청나기 때문이다.

결론적으로 현재의 소셜커머스 공급과잉은 일시적인 현상이며 시장이 막 성장하는 초기 단계에서 겪게 되는 과정의 일부라고 보는 것이 정확하다.

그렇다면 소셜커머스의 승자는 누가 될 것인가

경제신문을 보면 늘 등장하는 단골주제가 블루오션이다. 그런데 엄밀히 말하면 세상 어디에도 블루오션은 없다. 왜냐하면 돈이 될 만한 아이템에는 수많은 사람이 모여들기 마련이고, 그러다 보면 자연히 경쟁이 치열해지기 때문이다. 그리고 시간이 조금 더 지나면 블루오션이라고 했던 아이템이 자연히 레드오션으로 변하기 때문이다. 결국 누가 선점을 하고 경쟁에서 이기느냐의 문제일 뿐인 것이다.

승자가 되기 위해 갖추어야 할 조건들은 몇 마디의 말로 압축해서 표현하기 힘들고, 또 각자의 주관에 따라 수백 가지의 의견이 나올 수 있다. 그래서 현재 소셜커머스의 선두주자로 나서고 있는 창업자들의 공통점을 찾아내는 것이 가장 객관적이고 설득력 있는 답을 얻을 수 있으리라 생각된다.

국내 소셜커머스 선두주자로 나서고 있는 티켓몬스터의 창업자는 미국유학을 한 26세의 청년이고, 요식업 전문 사이트로 입지를 굳히고 있는 데일리픽의 창업자는 서울대 재학생이다. 그리고 에버랜드 자유 이용권 판매로 화려하게 런칭에 성공한 위메프(위메이크프라이스)의 창업자는 게임 산업으로 대박을 터뜨린 30대 후반의 스타 CEO 출신이다. 이들의 사이트를 자세히 관찰하면 뚜렷한 공통점이 발견되는데, 그것은 젊은 소비자들이 원하는 '니즈'를 읽어내는 감각이 탁월하다는 것이다.

어떤 사람들은 티켓몬스터는 창업자 집안의 후광 때문에 언론의 지원을 받아서 선두주자가 되었다고 말하고, 또 위메프는 창업자가 막강한 자본력을 갖고 있어서 런칭에 성공했다고 말하지만, 이런 평가는 말 그대로 남의 성공에 배가 아파 못 견디는 뒤틀린 심정의 표현일 뿐이다. 이 사이트들에 올라오는 상품들과 다른 사이트들의 상품들을 소비자의 입장에서 비교해서 선택한다면 어떤 쿠폰을 구입할 것인지가 분명해진다. 그래서 소셜커머스의 승자는 결국 다른 어떤 요인보다도 '상품 소싱 능력'이 최대한으로 발휘되는 사이트가 승자가 될 것이다.

메타사이트의 승자는 누가 될 것인가

메타사이트의 승자가 되기 위한 조건들 역시도 몇 마디의 말로 압축해서 표현하기 힘들고, 또 아직까지는 메타사이트 시장이 형성되어 있지 않아서 성공사례가 나올 수 있는 시기가 아니기 때문에, 성공한 업체의 공통점을 통해 객관적인 답을 찾아내기는 어렵다. 하지만 소셜커머스 사이트와 메타사이트의 기능 차이를 정확히 구분해보면 메타사이트 승자의 조건이 무엇인지는 알 수 있으리라 생각된다.

메타사이트는 상품을 직접 판매하는 사이트가 아니라 소셜커머스 사이트들이 입점해 있는 포털사이트의 개념이다. 즉 메타사이트는 소비자들이 각각의 소셜커머스 사이트들을 일일이 방문하지 않아도 한곳에서 모든 상품을 검색할 수 있도록 해주는 사이트이다. 그런데 메타사이트는 소비자들의 상품검색을 편하게 해주는 것 이외에도 또 다른 기능들이 있다. 예를 들면 수많은 소셜커머스 사이트와 이용자들이 모여 있기 때문에 쿠폰 이용후기를 통해 소셜커머스 사이트들의 상품과 고객 서비스를 비교 평가할 수 있게 해주고, 또 쿠폰을 사고파는 것도 쉽게 해주는 기능이다. 예를 들어 티켓몬스터 홈페이지에서는 티켓몬스터 쿠폰만 사고팔 수 있겠지만 메타사이트에서는 모든 쿠폰을 사고파는 것이 가능하다. 그런데 메타사이트에서 이런 기능이 이루어지기 위해서는 메타사이트 자체가 소비자 간의 소통이 활발히 이루어지는 소셜커뮤니티가 되어야만 한다. 그래서 메타사이트의 승자가 되기 위한 조건은 소셜커뮤니티의 형성능력이 최우선이다.

또한, 아직은 메타사이트 시장이 형성되지 않아서 수익창출이 가능한 시기가 아니므로 최소 1년 정도의 적자를 감당할 수 있는 자본력도 승자가 되기 위한 조건이 될 수 있다.

승패의 핵심,
상품 클릭수를 비교하라

업체 간 상품별 클릭 숫자를 비교하면
알 수 있는 사실들

필자가 운영하는 반가격닷컴은 다른 메타사이트와 달리 실명확인을 통해 회원가입을 해야만 서비스의 이용이 가능하고, 또 회원들이 상품 조회시 중복해서 클릭해도 '1회'로만 카운트가 되기 때문에 업체 간 상품별 클릭수를 비교해보면 소셜커머스 업체에 대한 고객들의 이용도를 정확히 파악할 수 있다.

반가격닷컴 회원들의 업체 간 상품별 클릭수를 통해 소셜커머스 승패의 핵심이 무엇인지에 대한 분석을 해보면 다음과 같은 사실들이 분명하게 나타난다.

첫째, 소셜커머스 업체의 브랜드 파워가 상품판매에 상당한 영향을 미친다는 것이다.

현재 반가격닷컴에 입점한 소셜커머스 업체 80개 중 브랜드 파워가 있는 소셜커머스 '5개 업체' 상품의 클릭 숫자가 무려 전체 클릭 숫자의 75%이고, 나머지 '75개 업체'의 클릭 숫자가 25%로 나타난다. 간단히 말하면 브랜드 파워가 있는 '5개 업체'의 상품 클릭 숫자가 나머지 75개 업체의 상품 클릭 숫자의 '3배'인 것이다.

둘째, 브랜드 파워가 형성되지 않은 신규업체의 경우에도 상품의 퀄리티가 탁월한 경우에는 클릭 숫자가 빠르게 늘어난다.

브랜드 파워가 형성되지 않은 신규업체들은 클릭 숫자가 현저히 낮지만 상품의 퀄리티가 탁월한 경우에는 클릭 숫자의 증가비율이 다른 신규업체보다 2배 이상 빠르게 늘어나며, 이런 상태가 3개월만 지속되면 상위 '5개 업체' 상품의 클릭 숫자에 근접하는 상품이 생기기 시작한다.

셋째, 고객 컴플레인이 발생하면 클릭 숫자가 현저히 감소한다.

고객 컴플레인이 발생한 업체의 클릭 숫자는 컴플레인이 발생한 뒤 1주일 후부터 서서히 감소하기 시작하며, 컴플레인에 대한 대처가 미흡한 경우는 2주일 후부터 눈에 띄게 줄어들다가 한 달 정도가 지나면 전 달에 비해 예외 없이 절반 수준으로 클릭 숫자가 줄어든다.

대기업의 자본력이 소셜커머스에서는
생각보다 큰 위력을 발휘하지 못한다

웅진, 인터파크, 신세계 같은 대기업들이 만든 소셜커머스 업체들이 런칭은 화려했지만 기존의 탄탄한 중소형 업체들에 전혀 위협이 되지 못하고 있다는 것이 상품별 클릭 숫자 비교로 분명하게 드러나고 있다.

대기업들이 앞다투어 소셜커머스에 진출한 두 달 동안의 상품별 클릭 숫자를 비교해보면 선두주자인 중소형 '3개 업체'의 클릭 숫자보다 인터파크, 신세계의 클릭 숫자가 런칭 초기인 한 달 동안은 앞섰지만 두 달이 지난 뒤에는 상당한 격차로 뒤처졌다.

이러한 사실들은 소셜커머스 승패의 핵심이 '상품의 퀄리티'이고 '고객 컴플레인에 대한 대처능력'에 있다는 것을 분명하게 말해주고 있으며, 더불어 자본력만으로는 이런 요소들을 일시에 해결하는 것에 한계가 있다는 것을 통계로 말해주고 있다.

업종 전문화가
생존전략이다

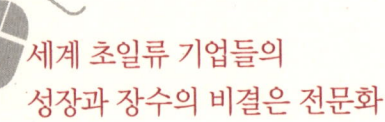

세계 초일류 기업들의
성장과 장수의 비결은 전문화

코카콜라는 1892년에 설립된, 브랜드가치 세계 1위인 기업이다.

맥도날드는 1940년에 설립된, 종업원의 숫자만 40만 명인 기업이다.

도요타는 1933년에 설립된, 자동차 판매대수 세계 1위인 기업이다.

ING는 1845년에 설립된, 자산규모가 우리나라 1년 예산의 2배이다.

2010년 세계 기업 브랜드가치 순위 10위

Rank	Previous Rank	Brand	Brand Value ($ m)	Country of Origin
1	1	Coca-Cola	70,452	United States
2	2	IBM	64,727	United States
3	3	Microsoft	60,895	United States
4	7	Google	43,557	United States
5	4	GE	42,808	United States
6	6	McDonald's	33,578	United States
7	9	Intel	32,015	United States
8	5	Nokia	29,495	Finland
9	10	Disney	28,731	United States
10	11	HP	26,867	United States

source: Interbrand

이 회사들의 공통점은 무엇일까? 오로지 한 가지 상품만을 판매하는 전문화된 기업들이다.

일본의 교토에 가면 1년 365일 하루도 빠짐없이 손님들이 줄을 서서 차례를 기다리는 100평 규모의 작은 메밀국수집이 있다. 그런데 이 메밀국수집은 대를 이어가며 300년 동안 유지되어 온 식당이다. 일본에는 100년 이상 된 기업의 숫자가 무려 5만 개이고 심지어 1,000년 된 회사도 7개가 있다. 한국 기업들의 평균수명이 15년인 것과 비교하면 놀랄만한 일이다.

일본은 가업승계가 전통이 된 나라인데 이런 전통이 생기게 된 이유가 무엇일까? 그것은 치열한 경쟁에서 생존하기 위한 전문화를 이루기 위해서였다.

일본도 한국과 마찬가지로 많은 인구가 좁은 국토에 살고 있고 지하자원도 부족한 나라이다. 그러다 보니 당연히 치열한 경쟁이 벌어지고 생존하기 위해서는 서비스와 상품의 질을 높이는 수밖에 없었기에 노하우의 전수를 위해 가업승계의 전통이 생겨났던 것이다.

그리고 일본·독일·네덜란드의 200년 된 기업들의 공통점도 오로지 한 개의 상품만을 판매하는 전문화된 기업들인 것을 보면 어느 시대를 막론하고 전문화가 기업 성공의 비결이라 하지 않을 수 없다.

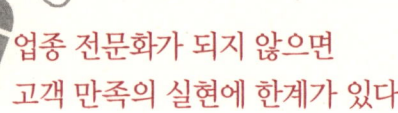

업종 전문화가 되지 않으면 고객 만족의 실현에 한계가 있다

위메프의 에버랜드 자유 이용권 10만 장 판매는 오프라인에서 대규모 마케팅과 언론 플레이를 통한 성공적인 런칭 사례가 되었다. 그러나 동시에 홈페이지에 올라온 수많은 고객의 문의와 항의에 적절하게 대처하지 못함으로써, 고객 불만을 최소화시키는 것이 시간을 두고 여유 있게 해결할 수 있는 과제가 아니라 당장 시급하게 매달려야 할 과제임을 확실하게 느낄 수 있도록 해준 사례이기도 하였다.

그런데 고객 만족을 위해 노력하지 않는 소셜커머스 업체는 아마

단 한 곳도 없을 것이다. 그럼에도 불구하고 현재까지 많은 소셜커머스 업체에서 고객의 불만이 폭주해 환불을 해주는 경우가 생겨나고 있고 이것은 상위 업체들도 예외가 아니다.

모든 소셜커머스 업체들이 고객 만족을 위해 노력하는데도 왜 이런 상황이 계속 발생되고 있을까? 그리고 이런 상황을 개선하려면 어떻게 해야 할까?

필자가 확신을 갖고 단언하는데 현재와 같이 소셜커머스들이 모든 종류의 상품을 판매하는 '잡화점식' 판매 시스템을 바꾸지 않고서는 고객 만족의 실현을 이루는 데 한계가 있다. 특히 상품 소싱, 홍보 그리고 고객관리까지 모든 것을 소수 인원으로 실행해야 하는 소규모 업체는 거의 불가능에 가깝다고 볼 수 있다.

그러므로 고객 만족 실현을 위해서는 현재 식당만을 전문으로 하는 '데일리픽'처럼 업종 전문화를 해야 한다. 업종 전문화를 해야만 하는 이유는 다음의 두 가지 때문이다.

첫째, 소셜커머스의 생명인 '상품의 퀄리티'를 확보하기 힘들다.

업종 전문화가 되어 업계 사정에 밝아지면 좋은 업체와 상품을 선성하는 안목이 생긴다. 또한 상품을 제공할 수 있는 업체에 대한 데이터도 충분히 확보할 수 있어서 판매할 상품에 대한 선택의 폭이 넓어진다. 따라서 자연적으로 상품 소싱 단계에서 상품의 퀄리티를 확보할 수 있게 된다. 상품의 퀄리티가 확보되면 고객 불만의 소지가 애초부터 줄어들 것이다.

둘째, 고객 불만에 대해 효율적인 대처를 하기가 힘들다.

업계 사정에 밝으면 고객들의 불만이 어떤 경우에 발생되는지, 그리고 그런 가능성을 줄이려면 어떤 조치가 필요한지에 대해서 잘 알 수 있을 뿐만 아니라, 고객 불만이 생긴 경우에 어떤 루트를 통해서 어떤 방식으로 해결해야만 고객들을 달래고 설득할 수 있는지를 잘 알 수 있기 때문이다.

1년 이내에 4~5개 업체가 시장을 독점한다

2010년 5월부터 존재를 드러내기 시작한 소셜커머스 업체들이 불과 6개월 만에 이미 양극화되면서 티켓몬스터와 위메프를 비롯한 상위 5개 업체가 전체 시장 매출액의 40% 이상을 점유하고 있다. 아마도 이 비율은 앞으로 점점 더 늘어날 것이라 예상된다.

IT사업이 본래 '승자독식'의 논리가 적용된다는 것을 고려하면 이런 현상은 놀라운 일도 아니다. 온라인 교육 사이트들의 경우를 살펴보면, '메가스터디'가 창업 2년 만에 업계 1위로 올라서며 시장을 독점하기 시작했다. 따라서 소셜커머스 시장도 향후 1년 이내에 상위 4·5개 업체가 독점하게 되라는 것은 불을 보듯 분명한 사실이다.

상위 4~5개 업체가 독점을 할 수밖에 없는 이유

첫째, 현재는 소셜커머스의 판매가 페이스북이나 트위터가 아니라 마케팅에 따라 좌우되기 때문이다.

언론을 통한 홍보, 대형 포털사이트의 배너광고, 버스광고까지 전방위적인 마케팅을 펼칠 수 있는 자금력을 가진 업체는 상위 4~5개 업체밖에 없고, 벌어지는 격차는 시간이 갈수록 따라잡기 힘들 만큼 커질 수 있다.

둘째, 업체 간 제휴를 통한 시너지 효과를 낼 수 있기 때문이다.

현재 '위메프'는 대형 포털사이트인 다음과 제휴했고, '쿠팡'도 SK와 제휴를 시도하고 있다. 이런 제휴는 서로에게 엄청난 시너지 효과를 줄 수 있지만 문제는 이런 기회가 상위 5위권 이내의 업체에만 생길 수 있다는 것이다.

즉, 어느 정도의 자금력을 가지고 시장을 선점한 업체들이 급속도로 성장하면서 자금력이 뒷받침되지 않는 후발업체들에는 이미 넘을 수 없는 산이 되어버린 것이다. 그래서 이들이 독자적으로 성장할 가능성은 이미 희박해진 상태라고 보인다.

자금력이 뒷받침되지 않는 후발업체들이 성장할 방법은

그것은 '상품 소싱 능력의 극대화'밖에 없으며, 이것이 가능하려면 후발업체 간의 연합을 통해 시너지 효과를 만들 시스템이 구축

되어야 한다. 이 시스템의 대략적인 내용을 요약하면 아래와 같다.

첫째, 각 업체들이 상품 소싱에만 올인을 할 수 있도록 마케팅과 고객관리는 연합체에서 통합적으로 실행하는 것이다.

둘째, 각 업체들이 비용을 나눠서 분담하는 통합 시스템으로 마케팅의 규모를 키우고, 고객 관리 비용을 줄이는 것이다.

그런데 문제는 이런 논의를 누가 주도적으로 할 것인가? 이런 시스템의 구축을 누가 할 것인가?

결국 '고양이 목에 방울달기'가 될 수도 있지만 후발업체가 성공할 가능성을 높이는 방법은 이것이 최선책이라 보인다.

Part 03

소셜커머스 한계는 없는가

그루폰의 복사 모델로는 한계가 있다

한국 시장에서 월마트의 참패가 전달하는 메시지

　　　　세계 유통업계 1위인 월마트가 한국 시장에 진출했지만 참패하고 철수했다. 참패 원인은 여러 가지가 있겠지만 가장 핵심적인 원인은 한국 소비자들의 특성을 간과했기 때문이다.

　미국의 소비자들은 허름한 대형 창고 같은 곳에 물건을 잔뜩 쌓아놓고 팔아도, 가격이 싸기만 하면 모여든다. 하지만 한국의 소비자들은 그렇지 않다. 한국 주부들은 가격이 싼 것 이외에도 쾌적하고 즐거운 쇼핑에 대한 욕구가 강하기 때문에, 거의 전적으로 가격이 저렴한 것만으로 승부하는 월마트의 판매 전략이 한국 소비자에게는 먹혀들지 못했던 것이다. 그러므로 월마트의 사례를 보면서 미국에서 성공한 그루폰을 그대로 복사한 모델이 한국 시장에서도 통할 수 있는 모델인지에 대해 진지하게 검토할 필요가 있다.

미국의 그루폰 서비스를 한국에서도 똑같이 제공한다면 성공할까

한국 소비자들의 특성을 감안하면 성공하지 못한다.

예를 들어 미국의 그루폰 홈페이지는 상품 소개가 주로 텍스트로 되어 있다. 그루폰은 단지 상품 정보를 제공하기만 하는 것이다. 그런데 한국 소비자들의 구매 욕구를 자극하려면 텍스트만으로는 어림도 없다. 즉 레스토랑 쿠폰을 판매하려면 내부시설과 외부시설, 그리고 메뉴의 스테이크까지도 산뜻하게 디자인된 사진으로 올려서 소비자의 시각과 감성을 자극해야만 한다.

간단히 말해서 한국의 소비자는 미국의 소비자보다 훨씬 더 까다로워서 그루폰의 모델로는 한국의 소비자를 만족시키기가 어렵다.

그루폰의 모델이 한국 소비자들을 만족시키기 힘든 근본적인 이유

소셜커머스 사이트는 소비자들의 입소문을 기반으로 하는 비즈니스이기 때문에 소비자들의 평판에 따라 회사의 운명이 좌우된다. 그런데 한국의 서비스업은 미국보다 고객 불만이 상대적으로 많이 발생할 수밖에 없는 환경을 갖고 있다. 물론 이것은 두 나라의 문화적 차이로 인해 발생한다.

한국에서는 사람들 간의 거래에 문제가 생기고 타협이 잘되지 않아 감정대립이 격해지면 튀어나오는 말이 '법대로 하자'는 말이다. 그런데 이 말이 선전포고로 인식되는 사회에서는 '계약서'보다는 '인간관계' 그리고 '규칙준수'보다는 '융통성'이 더 미덕으로 여겨지기 때문에, 한편으로는 상거래가 활발하고 원활해지는 면도 있지만 반대로 이런 것 때문에 상거래가 힘들어지는 면도 있다.

이런 사례들은 다음의 두 가지 경우로 요약될 수 있다.

첫째, 상품을 제공하는 업체가 자기 사정에 따라 임의적으로 거래내용을 바꾸어서 고객 불만이 생기는 경우이다.

예를 들면, 쿠폰을 판매할 때에는 주말에 쿠폰을 이용하는 것에 대해 아무런 제한이 없었는데, 레스토랑에 주말 손님이 많아지면서 갑자기 쿠폰 이용자에 대해서는 주말에 예약을 받지 않는 경우이다. 이런 경우 고객들은 쿠폰을 판매한 소셜커머스 업체에 당연히 항의하게 되고, 항의를 받은 소셜커머스 업체는 레스토랑에 즉각적인 시정을 요구하지만 제대로 이행되지 않는 경우가 종종 생긴다. 그런데 레스토랑이 약속을 어겨서 고객 불만이 발생되었고 또 그것으로 인해 소셜커머스 업체는 이미지의 타격으로 손해가 발생되지만 이것을 해결할 방법이 마땅찮다는 것이다. 물론 법적인 해결이 불가능한 것은 아니지만 실제로 이런 문제를 법적으로 해결하려면 법적 소송에 들어가는 시간과 비용의 손실이 더 크기 때문에 소셜커머스 업체의 입장에서는 뾰족한 해결방법이 없다는 문제가 있다.

둘째, 쿠폰을 이용한 고객이 무리한 요구나 억지를 부리며 환불을 요구하는 경우이다.

예를 들면, 쿠폰으로 스파를 이용한 고객이 마사지 서비스가 마음에 들지 않아서 혹은 종업원이 불친절했다며 환불을 요구하는 경우이다. 물론 이런 고객은 극소수이지만 문제는 이런 고객들이 홈페이지 게시판에서 집요하게 항의를 하면서 다른 고객들에게 소셜커머스 업체에 대한 부정적인 이미지를 퍼뜨리기 때문에 소셜커머스 업체 입장에서는 이미지 보호차원에서 울며 겨자 먹기 식으로 환불을 해주는 경우도 생기게 된다.

그래서 한국 시장에서는 그루폰 모델만으로는 한계가 있다고 보이며 이 두 가지 문제(업체가 계약서대로 이행하지 않는 경우, 고객이 무리한 요구를 하는 경우)에 효과적으로 대처할 수 있는 기능, 즉 상품을 제공하는 업체에 대한 관리와 고객의 무리한 요구나 억지에 대한 대처능력이 강화된 모델로 진화되어야만 지속적인 성장이 가능하다.

그리고 이런 기능들이 강화된 모델로 진화되려면 현재처럼 모든 종류의 상품을 제공하는 잡화점식 판매가 아니라 특정한 업종의 상품만을 판매하는 업종 전문화를 해야만 한다. 왜냐하면 업종 전문화가 되어 업계의 사정을 속속들이 꿰뚫고 알 수 있는 상태가 되지 못하면 이런 기능을 강화시킬 수 있는 노하우의 축적이 불가능하기 때문이다.

소셜커머스 쿠폰 이용자들의 불만이 생기는 이유

고객 불만의 원인

위메프에서 하루 만에 에버랜드 자유 이용권 10만 장을 판매하고, 신세계 백화점의 해피 바이러스에서 '63시티 빅3 이용권'을 하루 만에 1만 3,000장 판매하면서 소셜커머스는 대박행진을 이어가고 있다. 게다가 소셜커머스의 원조인 그루폰이 한국 시장에 진출하기 위해 한국의 소셜커머스 사이트를 인수하며 열기는 어느 때보다 뜨거워지고 있다. 그러나 이런 열기에 찬물을 끼얹은 사례도 속속 나오고 있다.

가정주부 정씨는 소셜커머스 업체에서 판매한 한우갈비 50% 할인 쿠폰을 구입해서 가족들과 외식을 했다. 그런데 싼 게 비지떡이라는 속담이 틀리지 않는다는 것을 확인하고 온 기분이었다. 고기의 질과 종업원의 친절도가 떨어지고 주차공간이 없어서 오랜만의 외식을 망친 기분이었다.

대학원생 윤씨는 소셜커머스 업체에서 영어책을 76% 할인된 가격에 구입했지만, 일주일이 넘도록 책을 받기는커녕 발송 여부도 확인하지 못했다. 연중무휴 상담이 이루어진다고 했던 고객센터에 몇 번 전화했지만 통화가 되지 않고, 인터넷 문의에 올린 글은 올리는 즉시 삭제되었다.

지금까지 소셜커머스 사이트에서 쿠폰을 구입하여 이용한 소비자들의 불만과, 그런 불만이 생기게 된 원인을 총체적으로 정리해보면 다음과 같다.

첫째, 소비자들이 이용한 상품의 품질에 대한 불만들이다.

레스토랑을 이용했는데 스테이크 맛이 너무 떨어지고, 칵테일바를 이용했는데 매장의 분위기와 시설이 너무 형편없었다는 것이다. 이런 불만이 생기게 된 원인은 애초에 상품제공자 선택을 잘못한 것이며 소셜커머스 업체가 직접 방문해서 상품의 품질을 확인하지 않았기 때문이다.

둘째, 매장에서의 서비스에 대한 불만들이다.

쿠폰 사용자들이 일식집에서 정식을 먹을 때, 정상가격이었다면 당연히 있어야 할 메뉴가 빠져 있다거나, 스파를 이용하는데 쿠폰 이용고객에 대해 종업원 서비스의 질이 차이가 났다는 것이다. 이런 불만이 생기게 된 원인은 매장이 홍보를 위해서 판매한 것이 아니라 박리다매를 위한 판매였기 때문에 상품가격을 내리는 동시에 상품의 질도 낮추었기 때문이다.

셋째, 거래약속이 지켜지지 않는 것에 대한 불만들이다.

피자 쿠폰을 갖고 매장을 방문했는데 쿠폰 판매용 수량이 모두 팔려서 일반 판매용 피자밖에 없다고 하는 경우, 혹은 일요일은 쿠폰이 안 된다고 해서 어쩔 수 없이 정상가격을 지불해야 하는 황당한 경우들이다.

이런 불만이 생기게 된 원인은 애초에 상품제공자가 수용 가능한 고객의 숫자를 고려해서 쿠폰 판매 수량을 정하지 않았고, 또 거래 조건을 철저히 지키도록 소셜커머스 사이트에서 관리하지 않았기 때문이다. 즉 소셜커머스 사이트 중 대부분이 아이디어와 열정만으로 사업을 시작한 탓에 치밀한 관리 시스템을 갖춰 놓지 못했기 때문이다.

이러한 고객 불만이 생기게 된 근본적인 원인을 냉철하게 판단해 볼 필요가 있다.

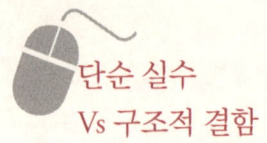

단순 실수
Vs 구조적 결함

　　　　　만약 고객 불만의 원인이 단순 실수라면 소셜커머스 업체가 심기일전해서 집중력을 발휘하기만 하면 단기간에 해결될 수 있기 때문에 심각한 문제가 아니다. 하지만 구조적인 결함이라면 너무나 심각한 문제다. 왜냐하면 소셜커머스는 소비자들의 입소문을 기반으로 하는 사업이어서 소비자들이 언제라도 등을 돌리기 시작하면 한번에 무너질 수 있기 때문이다.

　결론을 말하면 현재의 고객 불만이 발생되는 원인은 대부분 전자보다는 후자라고 할 수 있다. 현재 소셜커머스 업체들은 적은 인원으로 너무 많은 일을 하고 있다. 즉 소수 인원만으로 상품 소싱과 홍보를 동시에 하게 되면서 소셜커머스 승패의 핵심인 상품 소싱이 제대로 되지 않고 있는 것이다. 예를 들어 맛과 서비스의 품질이 인정된 여러 상품제공자를 찾아내고, 그 업체들을 직접 방문해서 맛과 서비스의 품질을 직접 확인하고 검증해야 하는데 인력부족으로 확인과 검증은커녕 업체들을 찾아내는 것만으로도 늘 급급한 실정이기 때문이다. 그리고 인력부족으로 고객관리에 대해 더더욱 신경 쓸 여유조차 없다.

　이것은 아래의 도표를 보면 한눈에 알 수 있다.

소셜커머스 사이트	고객 서비스(CS) 인력
위메이크프라이스	10 명
티켓몬스터	5 명
쿠팡	3 명
데일리픽	2 명

위의 업체들은 소셜커머스 선두주자들이며 매일 수천 명의 고객과 상품을 거래하고 고객의 불만을 처리한다. 그럼에도 불구하고 고객 서비스를 담당하는 인원은 턱없이 적은 숫자다.

과연 이렇게 적은 숫자의 인원만으로도 고객 서비스가 제대로 이루어질 수 있을까? 그리고 고객 서비스가 제대로 이루어지지 않은 상태에서 지속적인 성장이 이루어질 수 있을까? 소셜커머스 사업자라면 정말 진지하고 심각하게 생각해 볼 일이다.

인터파크의 소셜커머스 진출은 해프닝이었는가

　　몇 년째 적자행진을 거듭하는 인터파크의 구원투수로 등장한 인터파크 창업 1세대 이기형씨가 회장에 취임하면서 언론과의 인터뷰를 통해 다음과 같은 선언을 했다.

앞으로 상품 카테고리를 더 세분화하고 쇼핑의 모든 정보를 제공할 수 있는 사이트로 새로 단장하겠다. 그리고 요즘 한창 뜨고 있는 소셜커머스는 한때의 유행에 그칠 것으로 본다. 상품수도 제한돼 있을뿐더러 가격을 깎는 데도 한계가 있다. 더구나 경쟁이 너무 치열해 제 살 깎기 위주의 출혈 경쟁이 될 수밖에 없다.

인터파크 회장으로 취임한 이기형씨의 이 선언은 사람들을 어리둥절하게 만들기에 충분했다. 왜냐하면 인터파크는 이기형 회장이 취임하기 불과 보름 전에 이미 '하프타임'이라는 이름으로 야심 차게 소셜커머스 영업을 시작하면서 기존의 중소형 소셜커머스 업체들을 초긴장 상태로 만들었고, 또 언론을 통해서 '하프타임'의 영업개시를 대대적으로 홍보했었기 때문이다.

소셜커머스 사이트 '하프타임'을 야심 차게 출범시키고 보름도 채되지 않은 상태에서 신임회장이 소셜커머스 사업의 전면철회와 같은 의미의 선언을 하는 이 상황을 어떻게 해석해야 할까?

경영 최고 책임자인 CEO가 바뀌었기 때문

이렇게 해석하는 것은 현실적으로 타당하지 못하다. 물론 경영 최고 책임자인 CEO가 바뀌면 영업 전략을 비롯해 회사의 모든 것에 변화가 올 수 있다. 하지만 새롭게 진출한 사업 결과에 대해 뚜껑을 열어보기도 전에 전면철회 혹은 백지화를 말하는 것은 기업의 관행상 전혀 가능한 일이 아니다.

준비되지 않은 섣부른 사업 시도

이렇게 해석하는 것이 가장 설득력 있는 해석인 것 같다. 기존의 인터넷 쇼핑몰로서의 한계를 느꼈던 인터파크가 새로운 돌파구로 선택한 것이 소셜커머스였고, 이미 보유하고 있는 고객 숫자(1,400만 명)와 자금력으로 밀어붙이면 단번에 소셜커머스의 절대강자로 올라설 수 있을 것이라 예상했었는데, 실제 현실은 그 예상이 안 맞고 있기 때문이다. 현재 인터파크가 출범시킨 '하프타임'은 언론을 통해 대대적으로 홍보를 했음에도 소셜커머스 전체 업체 중 매출순위 5위권에도 들지 못하고 있음을 생각하면 준비되지 않은 상태에서의 섣부른 사업시도였다고 보인다.

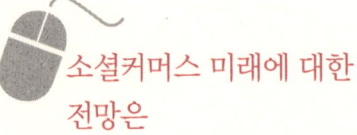

소셜커머스 미래에 대한 전망은

어떤 산업의 미래에 대한 전망은 사람마다 의견이 다르고 또 누구의 의견이 맞는지 확인할 방법도 없다. 어차피 미래는 실험된 결과가 아니어서 애초에 검증 자체가 불가능하기 때문이다. 다만 누구의 의견이 더 설득력이 있느냐의 차이일 뿐이다. 그런데 소셜커머스 미래의 전망에 대한 이기형 회장의 인터뷰 내용에 대해 의구심이 생긴다. 실제로 이기형 회장이 자신의 의견을 말했을 가능성보다는 준비되지 않은 상태로 소셜커머스에 진출한 인터파크가 최대한 이미지 손상을 줄이며 후퇴할 수 있도록 하기 위한 '대외적 선전 멘트'일 가능성이 더 높다는 것이다. 하지만 이런 의구심은 단순한 추측일 뿐이므로 인터파크 회장의 발언을 액면 그대로 받아들이면서 그의 의견에 대해 반박을 해보려고 한다.

첫째, 상품도 제한되어 있을 뿐 아니라 가격을 깎는 데도 한계가 있다?

그의 말대로 현재는 소셜커머스의 판매상품이 주로 식당, 공연, 스파에 상당히 치중되어 있다. 하지만 소셜커머스의 대상이 되는 상품은 '모든 서비스'이기 때문에 시장이 커지면서 판매상품의 종류가 엄청나게 다양해질 것이며, 이미 여행, 나이트클럽, 부동산으로 상품의 종류가 늘어나고 있다. 그리고 소셜커머스가 지속적인 판매라면 파격적 할인이 불가능하지만, 일회성 광고이기 때문에 파격적 할인이 충분히 가능하다.

둘째, 경쟁이 너무 치열해 제 살 깎기 위주의 출혈 경쟁이 될 수밖에 없다?

그의 말대로 현재는 소셜커머스 업체의 공급초과로 인해 출혈 경쟁이 되고 있는 것이 사실이다. 하지만 시장의 규모가 무서운 속도로 기지고 있기 때문에 현재의 공급과잉은 일시적인 현상이라 볼 수도 있다. 그리고 경쟁력이 없는 업체들은 시장에서 자동적으로 퇴출될 것이기 때문에 출혈경쟁이 될 수밖에 없다는 말은 타당성이 낮다고 보인다.

소셜커머스는 첨단기술이 아니라 단순한 장사다

올해 초에 기러기 아빠들의 모임에 참석했을 때의 일이다

필자가 소셜커머스 사업을 준비하고 있다고 말했더니, 모임에 참석한 사람들이 호기심을 갖고 이것저것 물으면서 이런 대화를 나눈 적이 있었다.

아빠A : 소셜커머스 사업을 준비한다고? 컴퓨터 도사인가 보네? 컴퓨터는 또 언제 그렇게 배웠어?

필 자 : 컴퓨터 도사가 아니라 아직도 컴맹이야.

아빠B : 정말 아직도 컴맹이야? 그럼 소셜커머스 사업을 어떻게 하려고?

필 자 : 소셜커머스 사업을 하는 데 있어서 컴맹이라고 해서 불편할 것은 하나도 없어.

아빠A : 그게 무슨 헛소리야? 컴맹이 IT사업을 하면서 불편할 게 없다니?

필 자 : 소셜커머스는 첨단기술이 아니라 할인쿠폰을 파는 단순한 장사야. 다른 장사와 굳이 구분한다면 할인쿠폰을 오프라인 가게가 아니라 온라인 가게에서 판다는 차이만 있을 뿐이지.

아빠B : 그래? 그럼 소셜커머스 사업은 컴퓨터를 전혀 몰라도 된다는 말이네?

필 자 : 당연하지. 소셜커머스는 첨단기술이 아니라 단순한 장사야. 그렇다면 컴퓨터를 배우는 것보다 장사 노하우를 배우는 것이 사업 성공에 더 필요하지 않을까?

2010년 8월에 반가격닷컴의 창업 준비를 하면서 창업에 참여한 후배 5명과 나누었던 대화다

후배A : 우리 5명 중 컴퓨터 전문가가 한 명도 없으니까 한 명이 컴퓨터 프로그래머 과정을 배우거나 아니면 컴퓨터 전문가 한 명을 영입해야 하지 않을까요?

필 자 : 컴퓨터 전문가? 소셜커머스는 상품을 반가격에 파는 단순한 장사인데 컴퓨터 전문가를 데려다 어디다 쓰게?

후배B : 물론 그렇기는 하지만, 그래도 사이트 관리를 제대로 하려면 컴퓨터 전문가가 한 명은 있어야 하지 않을까요?

필 자 : 허허. 참 답답하네. 사이트 관리는 홈페이지 업체에 맡기면 되고. 사이트 관리를 좀 더 잘하고 싶으면 차라리 컴퓨터 프로그래머를 한 명 고용하면 되지. 이런 정도의 사이트 관리는 월급을 많이 주지 않아도 괜찮은 프로그래머 고용할 수 있어.

후배A : 그래도 인터넷 사업을 하면서 컴퓨터 전문가 한 명 없이 한다는 건 좀 그렇지 않을까요?

필 자 : 참 말귀들 못 알아듣네. 소셜커머스는 물건을 파는 장사라니까? 사이트는 물건을 파는 가판대일 뿐이고. 컴퓨터 전문가를 영입할 바에는 차라리 영업 전문가를 데리고 오는 것이 백배는 더 효과적이야.

후배C : 그렇다면 우리는 IT사업을 하는 것이 아니라 단순한 장사를 하는 거네요?

필 자 : 그럼 내가 거꾸로 물어보자. IT사업과 장사가 뭐가 다른데? 돈을 벌기 위해 하는 사업은 모두 장사야. 마이크로소프트는 윈도라는 소프트웨어를 장사하는 회사이고, 네이버나 다음은 검색어를 장사하는 회사야.

후배C : 페이스북은 광고를 유치하지 않고도 회사가 성장하고 대박 터뜨렸잖아요?

필 자 : 페이스북이 광고를 유치하지 않아도 투자가 몰리고 대박 터뜨린 것은 페이스북의 회원이 많아서 앞으로 이 사이트를

이용하면 장사해서 돈 벌 수 있을 것이라는 미래가치를 인정 받았기 때문이야. 만약 페이스북이 영원히 장사를 안 한다고 하면 투자할 놈이 있겠어? 만약 그런 놈이 있다면 미쳤거나 바보인 거야.

후배A : 그렇다면 소셜커머스는 컴맹이어도 장사수완만 좋은 사람을 데려오면 잘되겠네요?

필 자 : 당연하지. 물건 파는 가게에는 장사수완이 좋은 사람을 데려와야 하는 거야.

후배C : 그럼 우리는 컴퓨터에 관심 가질 필요 없네요. 오로지 물건이 잘 팔리도록 할 방법만 연구하면 되는 거네요?

필 자 : 그래. 그런데 너희들이 보기에는 물건을 잘 팔리도록 하는 것이 쉬운 것 같니?

후배C : 물론 쉬운 일은 아니지만 그렇다고 그렇게 어려운 일도 아니지 않나요?

필 자 : 그게 쉬운 일이면 세상에 망하는 백화점이 왜 생기고 망하는 식당이 왜 생기겠어? 그리고 너희들도 뭐 하러 여기서 일하니? 나가서 장사해서 떼돈을 벌지.

스티브 잡스와 빌 게이츠의 성공을 만든 것은
컴퓨터보다 장사꾼으로서의 천재성이었다

이 세상에는 스티브 잡스와 빌 게이츠만큼 컴퓨터에 천재성을 가진 사람이 무수히 많았을 것이다. 하지만 이 두 사람만큼 세상을 놀라게 하며 성공한 사람은 없었는데, 그들의 성공은 컴퓨터에 대한 천재성보다는 장사꾼으로서의 천재성 덕분이었다는 사실을 인식할 필요가 있다.

스티브 잡스의 이름을 세상에 널리 알린 애플 컴퓨터는 애플의 공동 창업자이며 친구였던 스티브 워즈니악의 작품이었다. 천재 엔지니어였던 워즈니악은 애플 컴퓨터를 만들었지만 돈에 대한 관심이 없어서 개발한 발명품으로 어떻게 돈을 벌 수 있는지도 몰랐다. 그런데 친구이자 타고난 장사꾼이었던 스티브 잡스가 워즈니악에게 상품화할 수 있는 PC를 만들어 팔자고 제안하면서 애플이 탄생하게 된 것이다.

빌 게이츠와 친구인 폴 앨런은 컴퓨터 OS프로그램을 개발하던 당시 IT업계 선두주자인 애플의 OS프로그램을 따라잡기 위해 안간힘을 썼지만 역부족이었다. 그러던 중 스티브 잡스의 애플이 차별화에 과도하게 집착하면서 일반인이 사용하기 어려운 OS를 만들자 빌 게이츠는 다음과 같은 발상을 하게 되었다.

세상을 이끄는 2%의 천재를 대상으로 하는 것보다 98%의 일반인을 대상으로 하는 시장이 더 크다.

이런 발상을 통해 빌 게이츠는 새로운 영업 진략을 구사하기 시작한다. 평범한 일반인이 사용하기 편한 OS를 만들고 또 이것을 낮은 가격으로 판매하는 전략이었던 것이다. 그리고 빌 게이츠의 이런 전략이 적중하면서 마이크로소프트가 세계 1위 기업으로 성장하기 시작했던 것이다.

이 두 사람의 사례에서 볼 수 있듯이 제조업인 컴퓨터의 소프트웨어 시장조차도 창업자의 장사수완이 사업 성패에 미치는 영향이 절대적인 것을 고려한다면, 서비스업인 소셜커머스 시장에서는 창업자의 장사수완이 사업 성패에 미치는 영향이 어느 정도인지 쉽게 판단할 수 있으리라 생각된다.

메타사이트는 수익창출이 가능한가

메타사이트는 소셜커머스 사이트가
폭발적으로 늘어나야만 성공할 수 있다

미국 캘리포니아에서 골
드러시가 한창이던 시절, 독일계 이민자였던 스트라우스는 텐트 제
작용 천을 판매하고 있었다. 그러던 어느 날, 한 상인이 찾아와 그에
게 군부대에 납품할 엄청난 양의 천을 주문했다. 스트라우스는 빚
을 내어 재료를 사들이고 밤낮없이 공장을 가동했으나 천의 염색이
잘못되었다는 이유로 군납의 길이 막히게 되었다. 엄청난 양의 천을
버리게 되면서 파산할 직전에 놓였던 스트라우스는 고심 끝에 이 질
긴 텐트용 천으로 광부들의 바지를 만드는 아이디어를 떠올렸고 이
렇게 해서 만들어진 바지는 광부들에게 날개돋친 듯이 팔려나가기

시작했는데, 이것이 바로 청바지의 역사였다.

청바지의 성공이 골드러시로 인해 광부들의 숫자가 폭발적으로 늘어난 시기였기 때문에 가능했듯이, 메타사이트도 소셜커머스 시장이 커지면서 소셜커머스 사이트가 폭발적으로 늘어나기 전에는 성공할 수 없는 비즈니스 모델이다.

소셜커머스 사이트와 메타사이트의 관계는 '보완재'

경제학의 기초이론 중에 '보완재'라는 개념이 있다. 보완재란 어떤 한 재화의 수요가 늘어날 때 함께 수요가 늘어나는 재화를 말한다. 예를 들어 커피의 수요가 늘어나게 되면 커피에 타 먹는 프림의 수요도 함께 늘어나게 되고, 피자를 찾는 수요가 늘어나면 피자를 먹을 때 마시는 콜라의 수요도 함께 늘어나게 되는데 이런 경우 두 재화의 관계를 보완재라고 한다.

그러면 소셜커머스 사이트와 메타사이트의 관계는 어떤 관계일까?

결론만 말하면 이 둘의 관계는 보완재이다. 메타사이트는 소셜커머스 사이트들을 한곳에 모아놓은 사이트이고, 소비자들이 메타사이트를 찾게 되는 근본적인 이유는 수많은 소셜커머스 사이트들을 일일이 찾아다니지 않아도 한곳에서 모든 소셜커머스 사이트들의 상품을 검색할 수 있다는 것이다. 결국 소셜커머스 사이트를 찾는 수요가 늘어날수록 메타사이트를 찾는 수요자도 늘어나는 것이다.

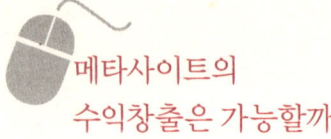

메타사이트의
수익창출은 가능할까

현재 소셜커머스 사이트의 숫자는 160개를 넘었고 티켓몬스터와 위메프 같은 선두주자들은 이미 월매출 70억 원을 넘기면서 엄청난 수익창출의 가능성을 만들어내고 있다.

그리고 소셜커머스 사이트들을 한곳에 모아놓은 메타사이트의 숫자는 대략 20개를 넘어섰지만 아직까지 뚜렷한 매출을 올리는 메타사이트는 단 한 곳도 없는 실정이다. 앞에서 설명한 것처럼 메타사이트는 소셜커머스 사이트가 폭발적으로 늘어나야만 성공할 수 있다는 점을 고려하면 소셜커머스 시장의 초기 단계인 현재 메타사이트들이 뚜렷한 수익창출을 하지 못하고 있는 것은 당연한 현상이다.

그런데 최근에 메타사이트들이 수익창출을 위해 메타사이트에 소셜커머스 사이트들을 입점 시키면서 이전에는 무료(서비스?)였던 것을 이제는 유료로 전환하려고 시도하고 있다. 물론 매월 적자를 보면서 사업체를 유지한다는 것이 엄청나게 힘들고 고통스러운 일이기 때문에 이런 시도는 당연하다. 하지만 이런 시도를 통해 실제로 수익창출을 할 가능성이 있는지, 냉철하게 판단해 볼 필요가 있다. 특히 소셜커머스 사이트들의 입장에서 판단해 볼 필요가 있다. 왜냐하면 유료전환을 할 경우 돈을 내야 하는 쪽이 소셜커머스 사이트들이기 때문이다.

필자가 판단하기에 아직까지는 소셜커머스 사이트의 입점을 유료로 전환한다 해도 수익창출의 가능성이 극히 희박하다. 왜냐하면 유료전환에 응할 소셜커머스 사이트의 숫자가 그다지 많지 않을 것이라 보이기 때문이다. 메타사이트의 고객인 소셜커머스 사이트의 입장에서 보면 상품소개를 해 주는 메타사이트가 고맙기는 하지만 비용을 지불하면서까지 입점을 하려는 마음은 거의 없다. 상품판매를 통해 매출이 발생하는 과정에서 메타사이트의 역할이나 기여도가 비용지불을 할 수 있을 만큼 뚜렷하지 않기 때문이다. 그리고 소셜커머스 사이트들을 한곳에 모아놓고 모든 상품을 검색할 수 있게 해주는 기능만으로는 수많은 소비자를 메타사이트의 회원으로 확보하는 것이 가능하지 않다. 즉 최소한 몇만 명의 회원이 확보되지 않은 상태에서는 소셜커머스 사이트의 지갑을 열게 하는 것도 불가능하다.

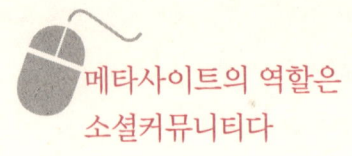

메타사이트의 역할은
소셜커뮤니티다

　　그래서 메타사이트는 단순히 소셜커머스 사이트
들을 한곳에 모아놓은 사이트의 성격이 아니라 이 사이트들의 판매
와 고객유치에 실질적인 도움을 줄 수 있는 소셜커뮤니티가 되어야
만 한다. 그리고 수만 명이 모인 소셜커뮤니티가 되기 위해서는 수만
명의 소비자를 회원으로 확보하기 위한 마케팅, 그리고 회원들 간의
소통이 활발해질 수 있도록 만드는 서비스 지원을 해야만 한다.

　　그런데 이런 식의 소셜커뮤니티가 형성되지 않은 상태에서 수익창
출을 시도하는 경우, 특히 소셜커머스 초기 단계인 현재 시점에서 수
익창출을 시도하는 것은 의도한 목표를 이룰 가능성보다 좌절할 가
능성만 높다. 이렇게 단언하는 이유는 다음의 두 가지로 요약된다.

　　첫째, 소셜커머스 비즈니스의 가능성은 무한하지만 아직은 초기
단계여서 시장규모가 너무 작고, 또한 현재의 소셜커머스 중에는 홍
보비용을 지출할 만큼 자본의 여유가 있는 업체가 그리 많지 않다.
그래서 시장규모가 커지면서 이런 사이트들이 성장할 때까지는 '무
료 서비스'를 제공하는 리스크를 감수하면서 더불어 성장하는 방식
으로 갈 수밖에 없다.

　　둘째, 사이트에 방문자가 폭발적으로 많아지면 소셜커머스 업체
들에서 돈을 받지 않아도 배너광고 등을 통해 별도의 수익 모델을
만들 수 있으리라 생각하지만, 이것도 최소 2년 동안에는 근본적인

한계가 있다. 앞에서 언급한 바대로 소셜커머스 시장의 규모가 커지기 전까지는 배너광고를 통한 수익모델이 만들어질 만큼 회원의 숫자와 방문자가 폭발적으로 늘어날 가능성이 매우 희박하다.

페이스북 성장을 롤모델로 삼아라

메타사이트의 수익창출에 대한 고민을 함에 있어서 페이스북 성장의 과정을 참고할 필요가 있다. 페이스북의 회원가입이 늘어나면서 창업자인 마크에게 주변 사람들이 배너광고 유치를 제안했었다. 그때 그는 이렇게 대답했다고 한다.

광고는 안 돼. '쿨'한 게 우리 자산이야. 광고가 들어가면 쿨한 게 없어져.

페이스북의 회원이 100만 명을 돌파했지만 아직도 광고를 유치할 생각을 하지 않고 있다. 페이스북의 쿨하고 깔끔한 모습이 젊은 이들의 폭발적인 인기를 끌면서, 페이스북은 광고 없이도 투자자가 늘어나고 기업가치가 상승하게 되었다.

결론적으로 단기간에 수익창출을 하려는 시도보다 조금 더 먼 미래를 보는 것이 실제로는 수익창출의 시기를 더 앞당길 수도 있다는 사실을 생각해 볼 필요가 있는 것 같다.

미국 경제전문지 「포춘」은 페이스북의 가치가 최고 300억 달러(약 35조 5천억 원)에 달하는 것으로 밝혔다. 또한 앞으로 2~3년 내 500억 달러(약 59조 원)는 될 것으로 추정했다.

페이스북은 현재 기업공개(IPO) 일정에 대해 일체 함구하고 있으나 업계에서는 2012년에 이뤄질 것으로 예상하고 있다. 이와 관련, 인터넷 시장분석업체 이마케터의 조사결과, 페이스북의 올해 수익이 지난해 6억6천500만 달러의 배 수준인 13억 달러가 될 것으로 추정했다.

source: 연합뉴스 2010년 8월 21일

화려한 거짓말은
빨리 망하는 지름길

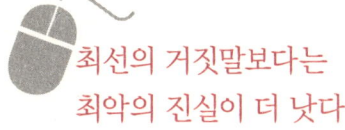 **최선의 거짓말보다는
최악의 진실이 더 낫다**

　　　　　세계적인 하드디스크 생산회사인 씨게이트
의 빌 왓킨슨 회장이 기자들과 인터뷰를 했었다. 그는 하드디스크
의 용량이 왜 더 커져야 하는지에 대한 기자들의 질문에 이렇게 대
답을 했다.

Let's face it, we're not changing the world. We're building a product
that helps people buy more crap and watch porno(솔직히 말하면, 우
린 세상을 변화시키는 게 아닙니다. 우리는 사람들이 더 많은 쓸데없는 것
과 더 많은 포르노를 볼 수 있도록 도와주는 장치를 만들 뿐입니다).

빌 왓킨슨 회장의 인터뷰가 언론을 통해 보도되면서 신문사설에서는 빌 왓킨슨 회장에 대해 도덕적인 비난이 쏟아졌지만 씨게이트의 하드디스크 판매량은 이전보다 눈에 띄게 늘어났었다.

왜 이런 현상이 생겨났을까? 빌 왓킨슨 회장의 솔직한 답변으로 인해 소비자들이 씨게이트가 판매하는 하드디스크의 품질에 대해 더 신뢰감을 갖게 되었기 때문이다. 사실 지구상의 소비자들이 모두 성인군자여서 컴퓨터를 오로지 고상하고 건전한 생산 활동에만 이용한다면 굳이 하드디스크의 용량이 계속해서 커져야 할 이유가 전혀 없다는 것을 모두가 알고 있지만, 어느 회사의 CEO도 그렇게 말하지 않기 때문에 빌 왓킨슨 회장의 솔직한 답변이 소비자들에게 신뢰감을 주었던 것이다.

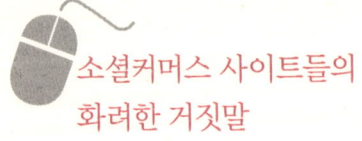

소셜커머스 사이트들의 화려한 거짓말

소셜커머스 업체 간의 경쟁이 치열해지면서 소위 말하는 '입소문 마케팅'을 위해 파워 블로거를 동원하고, 또 이용후기를 올리는 회원에게는 경품을 주기도 하는 등 홍보경쟁에 열을 올리고 있다. 소셜커머스의 판매량은 거의 전적으로 소비자들의 입소문에 좌우되기 때문에 이런 활동은 소셜커머스의 성장을 위해 필수적일 뿐 아니라 그 효과도 대단할 수밖에 없다. 하지만 극단적인 경쟁심리가 생겨나면서 지나치게 과장하게 되고 때로는 조작된 입소문까지 만들어내는 경우가 생기기 쉽다. 그런데 인위적인 입소문은 조작하는 과정에서 반드시 실수가 생기기 마련이고, 이런 실수가 소비자들에게 노출되는 순간부터 소셜커머스 사이트의 운명은 최악으로 치닫게 되기 때문에 인위적인 입소문의 조작은 '독약'이 될 수 있다는 점을 명심할 필요가 있다.

아랫글은 반가격닷컴 홈페이지의 '소비자 고발' 게시판에 올라왔던 글이다.

한 사이트에 올라온 태국 마사지 업체가 좋아 보이기에 이곳 쿠폰을 구입하고 싶은 마음이 생겼습니다. 그래서 태국 마사지를 이용한 후기가 있는지, 해당 사이트의 홈페이지를 검색해 보았더니 너무 좋았다는 이용후기가 올라와 있어서 안심하고 구입했습니다. 그런데 이게 어찌 된 일인가요? 이용후기가 올라온 날짜는 11월 8일인데, 쿠폰 유효기간은 11월 9일부터이네요.

쿠폰 유효기간보다 먼저 이용후기가 올라와 있다는 것은 소셜커머스 업체에서 입소문을 만들기 위해 인위적으로 조작했다는 사실이다. 해당 사이트에서 인위적으로 상품후기를 조작하는 과정에서 발생된 실수는 이 업체에 대한 불신을 키웠고 판매량이 급격히 떨어지기 시작했었다.

물론 이런 조작이 때로는 소셜커머스 업체의 의도와 전혀 상관없이 엉뚱하게 발생되는 경우도 있다. 소셜커머스 업체가 고용한 블로거 혹은 홍보에 참여한 사람들의 의욕이 지나쳐서 과장이나 거짓말로 오버를 하게 되는 경우이다. 하지만 이런 경우에도 소비자들에게 소셜커머스 업체에 대한 불신은 피할 길이 없다. 소비자들은 이런 오버를 한 것이 누구이든 상관없이 모두 소셜커머스 업체의 행위로 보기 때문이다. 그래서 소셜커머스 업체들은 홍보에 참여하는 모두에게 다음의 사실을 철저히 교육시켜야만 한다.

최선의 거짓말보다는 차라리 최악의 진실이 더 낫다.

Part 04

소셜커머스
창업자의 조건

소셜커머스를 알면 '돈'이 보인다

지금 강남의 땅값은 한 평에 수천만 원씩 나가는 곳도 있고 40평대 아파트 한 채 값이 수십억인 곳도 있다. 그런데 40년 전 강남은 주로 참외밭이었고 심지어 쓸모없이 방치된 상태였던 땅도 수두룩했었다. 1970년대 눈부신 경제성장이 일어나면서 참외밭이 졸지에 금싸라기 땅으로 변했던 것이다.

그리고 경기도 파주도 대단지 아파트들이 들어섰고 이곳에서 40평대 아파트 한 채를 사려고 하면 평범한 월급쟁이는 최소 15년을 벌어야 살만큼 비싸다. 그런데 20년 전 파주는 휴전선과 가까운 지역이어서 땅값이 서울 웬만한 지역의 1/100분도 안 되는 곳이 수두룩했었다. 미소냉전이 끝나고 남북간 화해무드가 조성되면서 파주의 땅값이 천정부지로 뛰었던 것이다.

그런데 강남과 파주의 땅에 투자를 해서 돈을 번 사람보다는 돈을 잃은 사람의 숫자가 훨씬 많고, 더구나 대박을 터뜨린 사람의 실제 숫자는 극소수에 불과하다. 왜냐하면 대박의 행운은 이 지역의 땅값이 뛰기 몇 년 전에 먼저 땅을 사놓은 사람들에게만 돌아갈 수밖에 없었기 때문이다.

이것은 닷컴열풍이 불었던 10년 전에도 마찬가지였다. 닷컴열풍으로 대박을 터뜨린 벤처 성공의 주인공들은 모두 닷컴열풍이 일어나기 몇 년 전부터 지하창고에서 밤을 새우며 준비했던 기업들이었다.

위의 사례들은 자본주의 사회에서 아이디어와 열정으로 돈을 벌수는 있지만, 큰돈은 세상의 변화를 읽어내고 선점을 해야만 가능성이 높아진다는 사실을 말해준다.

대박을 터뜨리기 위해서는 무엇보다 선점이 중요하다

1970년대만 해도 컴퓨터는 대기업이나 연구소에서만 필요한 것으로 인식되었고 개인이 컴퓨터를 갖는다는 것은 상상도 할 수 없는 일이었다. 그런데 마이크로소프트의 창업자인 빌 게이츠는 개인 컴퓨터의 출현을 예견했고 그에 맞추어 개인 컴퓨터의 운영 프로그램을 개발하기 시작했는데 이것이 마이크로소프트가 IT업계의 지존으로 우뚝 서게 된 이유이다.

그루폰의 경우도 마찬가지다. 스마트폰의 출현 이전에는 사람들이 인터넷에 접속하려면 집이나 사무실의 컴퓨터 앞에 앉아야만 했었는데 이제는 장소에 상관없이 어디서든 스마트폰으로 인터넷 접속이 가능해졌다. 트위터와 페이스북을 통해 소비자들의 활발한 소통이 실시간으로 가능해지면서 소셜네트워크를 상품판매와 결합시키면 획기적인 판매방식이 될 수 있다는 아이디어를 그루폰의 창업자인 앤드루 메이슨이 생각해낸 것이다.

그리고 앤드루 메이슨은 이 아이디어를 곧바로 실행에 옮기면서 이전까지 존재한 적이 없었던 새로운 시장인 소셜커머스 시장을 선점하였다. 또한 그루폰의 성공을 보면서 한국시장의 선점을 위해 뛰어든 것이 지금의 티켓몬스터, 위메프, 쿠팡 같은 기업들이다.

그런데 소셜커머스는 아직까지도 시장이 형성되는 초기 단계여서 선점만 하면 누구에게나 대박의 기회를 열어주는 기회의 땅이다.

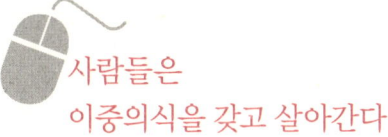

소셜커머스 사업으로
세상을 바꿀 수 있을까

사람들은
이중의식을 갖고 살아간다

사람들은 자기가 하는 일에 대해 어떤 고상하고 숭고한 의미를 부여하고 싶어 하며, 때로는 자신의 행위가 개인적 욕심에서 비롯된 것인지 아니면 공공의 이익을 실현하기 위한 것인지에 대해 자기 스스로도 심하게 착각하는 경우들이 있다.

그리고 이런 착각, 즉 이중의식의 정도가 극단적으로 심한 경우에는 자기 행위로 인해 사람들에게 끔찍한 고통을 안겨주면서도 스스로에 대해 양심의 가책조차 느끼지 못하게 된다.

1492년 콜럼버스의 아메리카 대륙발견 이후 스페인과 포르투갈 군대에 의해 벌어진 인디언 학살은 무려 8천만 명의 아메리카 원주

민들을 죽음으로 몰아넣었었다. 그런데 이 잔인한 학살에 선교를 목적으로 아메리카 대륙에 파견되었던 가톨릭 신부들이 기꺼이 참여하였다. 아메리카 대륙의 황금으로 한탕하고 싶은 개인적인 탐욕이 미개인들을 강제로라도 개종시키려면 스페인 군대를 도와야 한다는 사명감으로 합리화되면서 이들은 일말의 죄책감도 없이 스페인 군대의 길잡이로 나서게 되었던 것이었다.

이런 식의 이중의식으로 사람들에게 피해를 주는 작은 사례는 우리 생활의 주변에서도 종종 보게 된다. 불우이웃들을 도와야 한다며 기업들의 어려운 자금 사정은 전혀 고려하지 않고 집요하게 기부를 강요하는 일부 자선단체들도 있고, 우리나라의 공연문화와 예술 산업을 육성해야 한다며 기부를 호소하는 일부 황당한 연극단체들도 있다.

반가격닷컴을 설립하고 영업시작을 한 첫날 저녁에 필자와 5명의 후배들이 술자리에 모여서 나눈 대화가 사업자의 이중의식에 대해 생각해 보는 데 도움이 될 수 있는 사례라 생각되어 적어본다.

후배A : 우리 젊은 시절의 목표는 민주혁명이었고, 이제 우리의 목표는 유통혁명이야.

후배B : 맞아요. 이제는 유통혁명으로 소비자들을 위해 싸우는 것이 목표가 되어야죠.

필 자 : 지금 무슨 소리를 하는 거야? 돈 벌려고 사업시작 해놓고 왜

갑자기 이상한 소리들을 해?

후배B : 그러면 돈 벌려고 이 사업을 시작했어요?

필 자 : 당연하지. 돈을 벌려는 것이 아니면 내가 왜 이 사업에 투자했겠니? 그리고 너희들 목표가 소비자를 위한 것이라면 사업할 것이 아니라 소비자 단체에 가서 헌신을 해야지.

후배A : 물론 사업의 목표가 일차적으로는 돈이지만 사회적 책임이라는 것도 중요한 목표잖아요.

필 자 : 우리가 이 사업을 시작한 이유는 소비자들을 위해서가 아니고 우리와 우리 가족들이 잘 먹고 잘 살기 위해서야. 다만 장사꾼으로서 상도덕에 어긋나지 않게 정직하게만 장사를 하면 되는 것이야.

후배C : 예전에 학원을 운영할 때도 그런 생각으로 하셨나요? 교육이 아니라 돈벌이를 목표로?

필 자 : 당연하지. 누구든 사업을 시작하는 목표는 다른 누군가를 위해서가 아니고 나와 내 가족을 위한 것이야. 그런데 그걸 착각하는 것은 아주 심각한 이중의식이야. 그리고 자본주의 사회에서 돈은 내가 제공한 서비스에 대한 대가야. 그러니까 내가 돈을 벌기 위해서 소비자들에게 최대한 높은 퀄리티의 서비스를 제공하려고 노력하는 것이야.

후배C : 물론 회사가 유지되려면 수익을 내는 것도 필요하겠지만, 그래도 사업의 목표는 좀 더 높은 이상을 추구하는 것이 되어야 하지 않을까요?

필 자 : 그것이 너희들의 신념이라면 내 돈이 아니라 빚을 내서라도
너희들 돈으로 사업을 했어야지.

이중의식이 고객과의 관계에 문제를 일으킨다

　　　사람은 누구나 자기 자신이 가장 소중하기 때문에
자기를 버리고 오로지 다른 사람을 위해 헌신한다는 것은 불가능하
다. 또 모든 사람이 동등하게 소중하다는 것을 생각하면 본질적으
로 사람과 사람 사이의 관계는 'Give&Take'의 관계가 바람직하다.
그럼에도 심각한 이중의식으로 인해 자신은 물론이고 다른 사람에
게도 피해를 주면서 정작 본인이 그러고 있다는 사실을 인식조차 하
지 못하는 경우가 생길 수 있다. 필자는 학원사업을 하면서 이런 사
례들을 종종 보았었다.

　학교는 마음에 들지 않아도 다닐 수밖에 없기 때문에 학교가 주
도권을 갖고 있지만, 학원은 마음에 들지 않으면 언제라도 그만둘
수 있기 때문에 학생이 주도권을 갖는다. 그래서 학부모가 강사의
수업이나 학원의 학생 관리에 만족하지 못하면 항의를 하는 경우가
생긴다. 그런데 이런 경우 학원의 강사들은 물론이고 심지어 원장까

지도 학부모의 항의에 대해 불쾌해하고 심한 경우에는 심리적으로 배신감까지 느끼는 경우가 있다.

소비자의 항의가 정당한 것임에도 이런 느낌이 생기게 되는 근본적인 이유는 무엇일까? 그것은 이중의식 때문이다. 강사가 수업을 하는 것은 자기 식구들을 부양하기 위해서이고 또 원장이 학원을 운영하는 것도 자기 식구들을 부양하기 위해서다. 즉 자신들이 제공한 서비스에 대한 대가로 학부모들에게 수강료를 받으며, 이 돈으로 자신의 식구들을 부양한다. 그러므로 고객인 학부모들의 정당한 항의를 수용하고 개선해야만 할 의무가 있으며 그렇지 못하면 망할 수밖에 없다.

그런데 일부 강사와 원장은 자신들이 학생들의 교육을 위해 헌신하는 존재라고 착각하는 경향이 있다. 그러다 보니 이렇게 헌신하고 있는 자신들의 수고와 노력에 대해 감사는 못할망정 항의를 하는 것에 대해 자연적으로 억울함과 배신감을 느끼는 것이고, 이런 마인드를 갖고 있는 상태에서 고객인 학부모 관리가 제대로 될 리가 없는 것이다.

반가격닷컴 직원들과 필자가 나누었던 대화가 소셜커머스 사업에서의 고객관리에 대해 참고가 될 수 있으리라 생각되어서 적어본다.

직원A : 소셜커머스는 소비자들의 입소문을 기반으로 하기 때문에 고객관리가 정말 중요해.

직원B : 맞아요. 소비자가 왕이라는 것을 느끼게 해줘야죠.

필 자 : 고객관리가 중요하다는 것은 당연히 공감하지만, 소비자가 왕이라는 말은 좀 과장된 것 아닌가? 소비자 중에는 착한 소비자만 있는 것이 아니라 악한 소비자도 있을 텐데?

직원B : 악한 소비자요? 선배의 마인드로 하면 우리는 장사하는 것이고, 장사해서 돈 벌려면 고객의 요구는 무조건 들어줘서 마음을 사로잡는 게 현명하지 않나요?

필 자 : 그렇다면 고객이 무리한 요구를 하는 경우에는 어떻게 해야 하지?

직원B : 소비자는 왕이다. 이 말대로 고객이 원하면 우리는 어떤 경우에도 수용해야 하지 않을까요?

필 자 : 고객이 무리한 요구를 하고, 우리는 그 요구를 무조건 수용하고, 그런 식으로 하면 장사해서 남는 것이 없을 텐데 장사를 왜 해?

직원B : 그럼 도대체 고객관리를 어떤 마인드로 하라는 거예요?

필 자 : 우리는 소비자를 위해 장사하는 것이 아니라 우리를 위해 장사하는 거야. 그리고 소비자는 우리를 위해 물건을 팔아주는 것이 아니라 자기가 필요해서 살 뿐이지. 그러니까 우리와 소비자의 관계는 'Give&Take'인 거야. 즉 우리가 고객이 원하는 것이 무엇인지 귀를 기울이는 것도 우리가 돈 벌기 위해서니까 마치 우리가 소비자를 위해 헌신하는 것 같

은 착각을 하지 말아야지. 그리고 고객의 무리한 요구에 대해서도 수용할 것인가 말 것인가가 아니라 단지 최대한 부드럽게 거절할 방법만을 고민해야 해.

소셜커머스로 파산 직전에 몰린
한 미국 자영업자의 사례

지난 9월에 미국 포클랜드에서 작은 카페를 운영하는 제시 버크가 자신의 블로그에 올린 글이 화제가 되었다. 그가 블로그에 올린 글의 내용은 다음과 같다.

그루폰에 참여한 것은 자영업자로서 내가 내린 최악의 결정이었다. 내 카페는 13달러짜리 상품을 6달러에 판매했는데, 판매금액 중 50%인 '3'달러를 그루폰에 수수료로 지급하고 나면 내 손에 들어오는 돈은 고작 '3'달러 밖에 되지 않았다. 그런데 쿠폰 구매 고객이 1,000명을 넘어가면서 나는 약 8,000달러의 손해를 보게 되었고 마침내 거의 파산 직전까지 갔었다.

블로그에 올린 이 글이 미국 언론을 통해 보도되면서 이 자영업자에 대한 동정여론과 함께 소셜커머스의 부작용을 알리는 사례로 언급되기도 했었다. 하지만 냉정하게 보면 이 경우는 소셜커머스의 부작용이 아니라 소셜커머스의 본질, 즉 소셜커머스는 단순한 '박리다매'가 아니라 '광고'라는 사실을 인식하지 못했던 탓에 스스로 손해를 자초한 것이라고 볼 수 있다.

8,000달러의 손해로 파산 직전까지 간 경우라면 이 카페의 규모는 생계형 소형 카페이기 때문에 판매 수량을 1,000명이 아니라 100명으로 해야 했다. 왜냐하면 카페의 규모상 그렇게 많은 고객을 수용할 수도 없고, 또 카페의 매출액에 비해 광고비의 비중이 비정상적으로 커지기 때문이다.

그런데 소셜커머스의 입장에서도 만일 100장의 한정된 수량만을 판매할 수밖에 없다면 판매를 통해 얻을 수 있는 이익이 너무 적기 때문에 애초에 이 카페는 '상품 소싱'의 대상으로 부적절했다고 볼 수 있다.

그래서 이 사례는 소셜커머스가 '상품 소싱'을 하기에 적절한 대상 업체의 규모가 어떠한지에 대해 중요한 사실을 확인시켜 주고 있다.

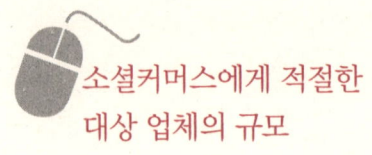

소셜커머스에게 적절한
대상 업체의 규모

대형업체는 아니다. 왜냐하면 대형업체는 자체적인 홍보능력을 갖추고 있어서 소셜커머스가 필요 없기 때문이다. 물론 위메프가 에버랜드나 T.G.I 레스토랑 같은 대형업체의 상품을 판매해서 대규모 매출을 올린 적이 있지만, 이런 경우는 소셜커머스 업체가 화려한 런칭을 위해 펼치는 일회성 이벤트라고 보는 것이 맞다. 왜냐하면 평상시에도 이런 상품들을 지속적으로 판매하는 것은 불가능하기 때문이다. 그리고 에버랜드나 T.G.I의 상품판매 시 소셜커머스 업체가 받은 수수료가 매출액의 몇 퍼센트였는지 확인할 수 없지만, 아마도 일반적인 수수료에 비해 상상하는 것보다도 훨씬 더 낮을 수밖에 없다.

그렇다고 소형업체도 아니다. 왜냐하면 위의 그루폰 사례에서 보았듯이 소형업체는 고객수용 능력이 적어서 최소 수량만을 판매해야 하는데, 반대로 소셜커머스 입장에서는 최대 수량을 판매해야만 수익을 올릴 수 있기 때문이다. 그럼에도 최근에 일부 소셜커머스 중에는 종종 상품 소싱의 한계를 느끼면서 소형업체를 상대로 최대 수량의 쿠폰을 판매하는 경우가 있다. 그런데 이런 식으로 원칙에서 벗어나는 판매가 소셜커머스 업체들에게 당장에는 이익을 안겨줄지는 몰라도 장기적으로는 독이 될 수밖에 없다. 왜냐하면 상품

제공자의 고객수용 능력을 초과한 쿠폰이 판매되는 경우 고객 불만이 필연적으로 발생될 수밖에 없고, 고객 불만이 강하게 일어나는 경우는 환불해야 하는 사태가 생기면서 이미지의 손상은 말할 것도 없고 당장의 이익조차도 얻을 수 없기 때문이다.

그렇다면 중형업체가 해답이다. 왜냐하면 중형업체들은 자체적인 홍보능력을 갖추고 있지 못하고, 또 광고비용의 리스크, 즉 광고효과에 상관없이 비용은 무조건 지출되는 리스크를 피하기 위해 소셜커머스가 필요하기 때문이다. 그리고 소셜커머스 업체의 입장에서도 중형업체의 상품을 판매하는 데 있어서 수익을 올리기에 충분할 만큼의 판매량을 최대 수량으로 정할 수 있다. 현재 그루폰에서 판매되는 상품의 90% 이상이 중형업체의 상품이라는 것을 고려하면 소셜커머스에게 가장 적절한 상품제공자의 규모는 중형업체라는 것이 확실하다고 볼 수 있다.

'자본력'보다 '시장 판단력'을 먼저 생각하라

소셜커머스 사업자도
자본력이 있어야만 성공할 수 있을까

위메프가 대규모 마케팅으로 소셜커머스 시장진입에 성공하면서 소셜커머스 사이트 창업을 준비 중인 젊은 창업자와 다음과 같은 대화를 나눈 적이 있었다.

예비 창업자 : 소셜커머스 사이트 비즈니스는 진입장벽이 낮다고 하지만 실제로는 대규모 자본력이 있어야만 성공할 수 있는 것 아닌가요?

필　　자 : 자네말대로 하면 삼성이 소셜커머스 진출하면 한방에 싹쓸이하겠네?

예비 창업자 : 위메프의 에버랜드 판매를 보세요. 자본금이 많아 한 번

에 성공하잖아요.

필　　자 : 위메프는 창업자가 맨손으로 게임사업 대박을 터뜨렸던 사람이야. 창업자가 워낙 감각이 탁월해서 아마 맨손으로 시작했다고 해도 충분히 대박을 터뜨렸을 것 같은데?

수백억 원을 가진 창업자도 소셜커머스 사업 성공이 힘든 이유

지금 수백억의 자금을 가진 사람들의 연령대, 돈을 번 방식, 성향을 분석해보면 이들은 애초에 소셜커머스 사업에 진출할 가능성이 거의 희박하며, 설사 이들이 진출한다고 해도 성공할 가능성은 별로 높지 않다고 생각되며 그 이유는 다음과 같다.

첫째, 이들의 연령대는 대체로 40~50대이다.

소셜커머스의 주요 소비층은 20~30대인데 창업자의 연령이 40~50대여서 세대차이로 인해 주요 소비층의 취향과 소비 패턴을 판단하는 감각이 뒤처질 수밖에 없다.

매일경제신문에서 '한국 부자들의 자산규모와 재산증여방식에 대해 설문조사'를 한 결과, 20억 원 이상 자산 보유자의 연령별 비율은 40대 이상이 87%였다(50대 34.5%, 60대 21.2%, 40대 20.9%). 또한 이들의 재산증식 수단은 대부분 부동산 투자였다(부동산 투자 61%, 주식과 펀드 22%).

둘째, 이들은 주로 부동산으로 돈을 번 세대다.

부동산은 10년 주기로 사이클이 변한다. 그래서 트렌드의 변화가 거의 느껴지지 않을 만큼 길다. 그런데 소셜커머스는 트렌드가 시시각각으로 변하기 때문에, 이들은 변화에 앞서 가는 것은 고사하고 변화에 대한 적응마저도 쉽지 않다.

셋째, 이들은 '인식은 진보, 행동은 보수'라는 양면성을 갖고 있다.

1980년대 운동권의 영향을 받은 탓에 정치 토론을 할 때 이들의 인식은 무척 진보적이다. 하지만 촛불집회에는 참가하지 않는다. 더구나 투자를 할 때는 무척 보수적이다. 새로운 사업에 대해 관심이 있지만 현재의 재산을 지키려는 욕구가 너무 강해서 절대로 리스크를 갖지 않으려 한다.

1970년대 부동산 재벌 '광화문 곰'이 1990년대 주식 투자로 망했던 이유

1970년대 '광화문 곰'이라는 별명을 가진 부동산 투자 고수가 있었다. 이 사람이 1980년대에 주식투자로 눈을 돌리면서 '광화문 곰'이라는 명성의 위력이 주식시장을 잠시 강타했었다. 그가 주식을 사기만 하면 그 종목의 주가가 뛰면서 명성에 걸맞게 엄청난 이익을 보았던 것이다. 하지만 그 명성은 그리 오래가지 못했고 결국은 부동산으로 번 엄청난 재산을 모두 날리고 망했다.

그 이유가 무엇이었을까

'광화문 곰'이 주식시장에서 위력을 발휘했던 투자방식은 한 회사의 주식을 싹쓸이하는 '매점매석'이라는 단순 무식한 방식이었다. 주식시장의 규모가 크지 않았던 초기에는 이 방식이 시장에서 위력을 발휘할 수 있었지만, 시장규모가 커지면서부터는 무용지물이 된 것이었다. 그럼에도 이런 투자방식을 고집했고 그 결과는 참담했다. 한마디로 요약하면 '시장 판단력'이 부족해서 망한 것이다.

결론적으로 소셜커머스 창업자에게 필요한 것은 '자본력'이 아니라 소비자들의 취향과 소비 패턴의 변화를 판단하는 '시장 판단력'인 것이다.

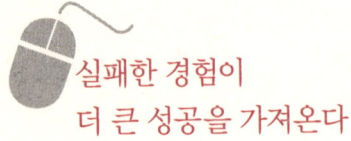

소셜커머스 사업자가
절대로 믿지 말아야 할 격언

실패한 경험이
더 큰 성공을 가져온다

　　　　　　　TV나 신문에서 소개되는 기업 성공스토리
나 혹은 기업 칼럼에서 이런 말들을 자주 보게 된다.

실패를 두려워하지 마라! 실패는 성공의 어머니다!
실패를 통해 배움을 얻어야만 더 크게 성공할 수 있다!

물론 백 번 천 번 맞는 말이고 또 실패를 경험한 사람들에게 용기
를 주는 말이기도 하다. 하지만 사업을 하는 사람, 특히 전 재산을
걸고 사업을 하는 사람들에게 이런 말은 용기를 주기보다는 단순한

138

'말장난'으로만 들린다.

순간적인 착오가 얼마나 엄청난 결과를 가져오는지에 대한 사례가 소셜커머스 사이트 사업자들에게 교훈이 되리라 생각해서 소개해 본다.

10년 전에 '아이러브스쿨'이라는 소셜커뮤니티가 만들어졌었다. 이 사이트는 지금의 트위터, 페이스북과 같은 소셜네트워크의 원조격으로 싸이월드와 함께 한국 소셜커뮤니티의 양대 산맥이었다. 그리고 아이러브스쿨은 카이스트 연구실에서 아이디어만으로 창업에 성공한 케이스라는 점에서 한국 벤처기업 성공 스토리의 주인공으로 엄청난 주목을 받았었다.

하지만 창업 후 2년 만에 아이러브스쿨의 지분을 매각하는 과정에서 창업자가 범한 판단착오는 아이러브스쿨뿐 아니라 창업자 자신에게도 회복 불가능한 깊은 상처를 남기고 말았다.

당시 창업자는 500억을 제시한 야후의 매각제안을 거부하고 경영권 보장을 약속한 국내의 한 중소기업에 일부 지분을 넘겼다. 그런데 지분매각 대금을 받지 못한 채 지분을 넘겼던 창업자는 지분을 받아간 중소기업 대표가 아이러브스쿨 지분을 다른 회사에 넘기고 해외로 도피한 뒤부터 참담한 상황을 겪게 된다.

지분을 넘기면서 돈 한 푼 받지 못했던 창업자는 주식 매매에 대한 양도 소득세로 13억 원의 세금이 부과되었고, 5년 동안 눈덩이처럼 불어난 이자 때문에 24억 원의 세금부담을 지게 되었다. 결국 창업자의 전 재산이었던 6억 원이 압류를 당하고 신용불량자가 되어 버렸다.

그 후 재기를 위해 아파트 커뮤니티 사이트를 창업하려 했지만 누구도 투자하겠다고 나서는 이가 없어서 결국 사이트 사업을 포기해야만 했다. 현실적으로 신용 불량자의 딱지를 달고 있는 상태에서는 누구에게도 투자를 받기 어려우며 여러 가지 제약 때문에 국내에서는 사업 자체를 하기 힘든 형편이다.

애플의 창업자인 스티브 잡스가 실패의 쓴잔을 마신 뒤에 아이폰으로 화려하게 재기한 사례를 통해 실패를 통해 배움을 얻는다는 말들을 떠들어대지만, 그것은 사업 환경이 한국과 전혀 다른 미국에서나 가능한 일이며 그것도 확률이 아주 희박한 특별한 경우일 뿐이다.

사업은 잘되면 좋고 안 되면 할 수 없는 한가한 게임이 아니라 나와 내 가족, 그리고 직원들의 생계를 건 냉혹하고 치열한 게임이기 때문에 사업자의 판단착오로 인한 실패는 결코 그렇게 한가롭게 받아들일 수 있는 것이 아니다.

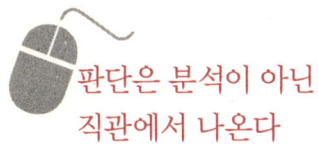

과도한 신중함은
소셜커머스 사업의 적이다

판단은 분석이 아닌
직관에서 나온다

　　　가끔 TV 채널을 돌리다 보면 주식투자만을 전문으로 하는 케이블 방송에서 현란한 그래프와 통계를 제시하며 열강하는 강사의 모습을 볼 수 있다. 그런데 필자는 그런 강의를 들으며 감탄하기보다는 이런 의구심을 갖게 될 때가 있다.

　저렇게 열강하고 있는 저 강사는 지금 주식투자로 돈을 벌고 있을까?

　필자가 판단하건대 케이블 방송에서 주식투자에 대한 열강을 하고 있는 강사가 주식투자로 약간의 돈은 벌었을지 몰라도 큰돈을 벌고 있을 가능성은 거의 없다고 본다. 왜냐하면 주식투자로 큰돈을 벌고 있다면 TV에 나와서 열강하고 있을 시간적 여유가 있을 수 없기 때문이다.

20세기 경제학의 대가인 케인즈가 주식투자로 재미를 보지 못했다는 일화보다 더 리얼한 사례가 있어 소개해 본다.

1920년대 미국의 경제는 최고의 호황기를 누리고 있었다. 주식가격은 몇 년째 그 끝을 알 수 없을 정도로 여기저기에서 주식으로 큰돈을 번 사람들의 이야기가 생겨났다. 1929년 9월, 미국이 낳은 최고의 경제학자로 불렸던 예일대학 경제학과 교수인 '어빙 피셔'는 미국의 경제가 계속 성장할 것이며 주식시장의 미래가 앞으로도 밝다는 전망을 발표했고 백만장자였던 그 자신도 주식시장에 모든 재산을 투자했다. 현대 경제학의 한 줄기를 형성할 만큼 뛰어난 업적을 이루어낸 어빙 피셔의 전망을 의심할 사람은 그 어디에도 없었다.

1929년 9월, 미국으로 이민 온 아일랜드 농부출신 '조셉 케네디(미국 대통령인 존 F. 케네디의 아버지)'는 뉴욕의 한 거리에서 구두를 닦다가 구두닦이 소년에게서 자기도 주식을 사서 돈을 벌었다는 이야기를 듣고는 사무실에 돌아가서 이런 생각을 한다.

구두 닦는 꼬마까지도 주식을 사는 정도라면 주식시장이 이미 비정상인 상태가 된 것이 아닐까?

그리고서 그는 자신이 갖고 있던 주식을 대부분 팔아서 뉴욕의 건물을 구입했다.

1929년 10월, 미국 경제에 대공황이 오면서 뉴욕 주식시장은 폭락으로 혼란에 빠졌고 거리에는 실업자가 넘쳐나기 시작했다. 어빙 피셔의 전망이 완전히 빗나갔던 것이다. 그런데 놀라운 사실은 미국의 경제학자들 대다수가 어빙 피셔와 같은 전망을 하고 있었다는 것이다.

아일랜드 출신의 이민자로 미국에서 '금주법'이 시행되는 기간 동안 밀주로 돈을 벌면서 시장의 변화를 동물적 감각으로 읽어냈던 조셉 케네디의 직관이 그래프와 통계를 갖고 책상에서 이루어진 세계적인 경제학자의 분석보다 더 정확했다는 것은 다시 한 번 곱씹어 볼 만한 일이다.

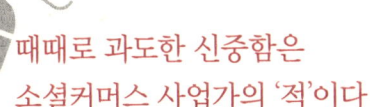

때때로 과도한 신중함은 소셜커머스 사업가의 '적'이다

맥킨지의 컨설팅 보고서에 의하면, 현재 세계 초일류 기업 100개 중 25년 뒤에도 생존할 수 있는 기업의 숫자는 잘해야 30개 정도이며 나머지 70개는 흔적도 없이 사라질 것이라고 말하고 있다.

그런데 첨단기술이나 인터넷을 기반으로 하는 IT기업의 경우는 생존하는 기업의 숫자가 훨씬 더 적을 것이라고 한다. 왜냐하면 인터넷 산업은 오프라인을 기반으로 하는 굴뚝산업보다 시장 변화의 속도가 몇 배 더 빨라서 이런 변화에 한발 앞서 간 기업은 승자가 되고, 반대로 한발 늦게 간 기업은 패자가 되기 때문이며 이런 사례는 쉽게 찾아볼 수 있다.

1880년에 설립된 코닥은 120년간 세계 필름시장의 지존으로 군림하며 전 세계 150개국에서 8만 명의 종업원을 두었던 글로벌 기업이었다. 하지만 1990년대 말 디지털카메라 시대가 열리면서 몰락의 길을 걷기 시작하였고, 결국 2005년에는 흔적도 없이 사라지고 말았다.

사라진 미국의 브랜드

	브랜드	종류
1	서킷시티	유통업체
2	새턴(GM)	자동차
3	폰티악(GM)	자동차
4	코닥크롬	필름
5	홈디포 엑스포	인테리어매장
6	맥스팩터	화장품
7	MSN 엔카르타	디지털 백과사전
8	고메 매거진	잡지
9	사브(GM)	자동차

source: CNN머니

코닥은 1990년대 말 디지털카메라 시대가 열리면서 위기의식을 느꼈다. 그러나 노동조합의 강한 반발을 우려해서 기존의 아날로그 필름생산에서 디지털 필름생산으로 전환하는 것에 대해 결론을 내리지 못하고 있었다. 당시 코닥의 노동조합은 일자리 사수를 외치며 '디지털카메라가 중국을 점령하기 전에 아날로그 필름을 팔아서 디지털 필름을 개발생산해도 늦지 않는다'는 논리를 펴면서 회사의 변화에 제동을 걸었고, CEO는 노동조합의 반발을 의식해서 변화의 시기를 언제로 할 것인지에 대해 극도로 신중한 태도를 유지했었다. 그런데 2004년에 들어서면서 코닥의 매출은 회복 불가능할 정도로 급격히 떨어졌고, 결국 2005년 코닥의 CEO였던 페레스는 미국의 필름공장 전 직원 27,000명을 모아놓고 "이제 돌아갈 길은 없습니다. 우리가 타고 온 배는 불태워야 합니다."라는 연설로 전 직원의 해고통지를 대신하게 되었던 것이다. 디지털카메라의 시대가 열리면서 시장은 변화를 요구했지만 노동조합의 반발을 의식하면서 과도하게 신중했던 탓에 변화의 시기를 놓치면서 120년 동안 영화를 누렸던 글로벌 기업 코닥이 흔적도 없이 사라지게 된 것이다.

이렇게 과도하게 신중한 태도를 취하면서 변화의 타이밍 혹은 시장진입의 타이밍을 놓쳐서 망한 사례는 코닥만이 아니었다. 세계 최대의 전신회사였던 웨스턴 유니언이 벨의 전화기 발명으로 문을 닫아야 했고, 세계 최대의 인스턴드 커피회사였던 네슬레가 스타벅스의 출현으로 위기상황에 빠졌다.

그런데 웨스턴 유니언이 망하고 네슬레가 위기에 빠진 이유가 이들이 자만하거나 게을렀기 때문이었을까?

그렇지 않다. 웨스턴 유니언과 네슬레는 자만하지도 않았고 게으르지도 않았지만 시장의 변화에 대해 지나치게 신중했기 때문에 시장분석에 많은 시간을 소비하면서 변화의 시기를 놓쳤던 것이다.

몽골의 칭기즈칸이 세계를 지배할 수 있었던 비결 중의 하나가 유목민족의 특성인 기동성이었던 것처럼 인터넷을 기반으로 하는 IT사업 성공은 스피드를 요구한다. 그런 맥락에서 바라보면 '100% 완벽한 사업계획서로 늦게 진출하는 것'보다는 차라리 '30% 부족한 사업계획서로 빨리 진출하는 것'이 더 성공가능성이 높다는 실리콘밸리의 불문율은 상당한 설득력이 있다. 그래서 소셜커머스 사업자에게 과도한 신중함은 사업을 망하게 하는 최대의 '적'이라고 하지 않을 수 없다.

소셜커머스 창업자의 조건

위메프가 에버랜드 자유 이용권 10만 장을 하루 만에 팔아치워 15억 원의 매출을 기록하면서 소셜커머스 사업의 수익성에 대한 것은 현실에서 이미 입증이 되었다고 볼 수 있다. 그리고 상품을 제공한 업체(에버랜드)와 소셜커머스 사이트(위메프)가 윈윈할 수 있다는 것도 더 이상 설명할 필요가 없어졌다.

더구나 12억 달러의 기업 가치를 가진 그루폰이 국내 중소형 소셜커머스 업체에 지분투자를 하면서 소셜커머스 대박을 꿈꾸는 젊은이들이 무수히 생겨나고 있어서 현재 소셜커머스 벤처기업의 숫자는 이미 160개를 넘어섰고, 이 숫자가 얼마나 늘어날지 아무도 알 수 없을 만큼 창업 열풍이 거세지고 있다.

하지만 아직은 소셜커머스 사업이 막 생겨난 초창기인 탓에 정보도 부족하고 더구나 이 사업의 특성을 설명하는 책 한 권 나와 있지 않은 상태이다 보니 창업자로서 갖추어야 할 조건이 무엇인지에 대한 생각조차 한번 해보지 않고 창업을 하는 사례들이 상당히 많이 생겨나고 있다.

현재 소셜커머스의 두 가지 비즈니스 모델인 소셜커머스 사이트, 그리고 소셜커머스 메타사이트의 창업자가 갖추어야 할 것들이 무엇인지 정리하면 대체로 다음과 같다.

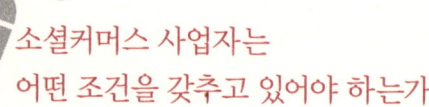

소셜커머스 사업자는
어떤 조건을 갖추고 있어야 하는가

첫째, 주요 수요층인 20~30대의 취향과 소비 패턴의 변화를 읽어낼 수 있는 감각을 갖추고 있어야만 한다.

소셜커머스 사이트가 성공하기 위한 최우선 조건은 소비자들을 만족시킬 수 있는 상품을 발굴하는 것이며, 이것이 가능하려면 소셜커머스 사업자가 젊은 층의 취향과 소비 패턴의 변화를 읽어낼 수 있는 날카로운 감각이 있어야 한다. 그리고 식당, 공연, 스파 등의 업체를 이용한 경험이 많아서 소비자 만족도가 높은 업체들에 대한 정보를 친구나 선후배를 통해 자연적으로 얻을 수 있으면 사업자로서 더

욱더 유리한 조건이 된다. 이런 맥락에서 보면 소셜커머스 사업자로 유리한 조건을 갖추고 있는 것은 대학생 창업자일 것이다. 소셜커머스 사이트 중 요식업체부문 '1위'를 달리는 데일리픽의 창업자가 서울대 재학생이라는 것을 보면 충분히 미루어 짐작할 수 있다.

둘째, 소셜커머스의 기반이 되는 광범위한 소셜네트워크를 형성하고 있거나 혹은 형성할 수 있는 능력이 있어야 한다.

다음이나 네이버 등 포털사이트와 회원 수 5천 명이 넘는 카페 운영자가 상당한 메리트를 갖고 있다는 것에 대해서는 굳이 설명할 필요가 없으리라 생각된다.

셋째, 사이트가 수익을 내기 전까지 1년 정도 버틸 수 있는 여유자금을 갖고 있어야 한다.

열정과 아이디어를 갖고 시작한 소셜커머스 사업자들이 중간에 포기하게 되는 대부분의 이유는 수익이 나기 전까지 버틸 수 있는 여유자금이 없기 때문이다. 아무리 미래가 장밋빛 무지개여도 당장 사용할 비용이 없으면 버틸 수 없고, 또 자금의 압박을 받다 보면 자신도 모르게 조급해지고 서두르게 되면서 합리적이고 정상적인 운영을 할 수 없어지기 때문이다. 이런 맥락에서 보면 부양해야 할 식구가 없고 생활비에 대한 압박을 받지 않는 대학생 창업자가 유리한 조건을 갖고 있다고 볼 수 있다.

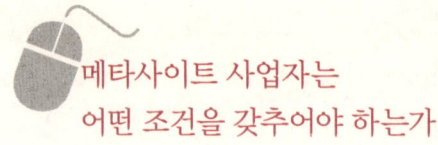

메타사이트 사업자는
어떤 조건을 갖추어야 하는가

첫째, 최소 2년 동안 매출액 '0원'인 상태에서 투자를 계속할 수 있는 자본력을 갖추어야 한다.

소셜커머스 사이트 중에는 티켓몬스터, 위메프, 데일리픽처럼 큰 수익을 내기 시작하는 사이트들이 생겨나고 있지만, 메타사이트 중에서도 큰 수익을 내는 업체가 생기려면 최소한 1~2년의 세월이 필요하리라 예상된다. 그래서 메타사이트 창업자는 최소 2년간 수익이 없이 지속적인 투자를 할 수 있는 만큼의 자본력을 확보하는 것이 필요하다.

둘째, 입점한 소셜커머스 사이트들의 매출에 도움을 줄 수 있는 정도의 마케팅 능력을 갖추어야 한다.

메타사이트의 기능이 단지 소셜커머스 사이트들의 링크를 걸어주는 것만으로는 10년이 지나도 수익을 발생시킬 수 없다. 소셜커머스 사이트들의 입장에서 볼 때 링크를 걸어주는 것이 고맙기는 하지만, 링크를 걸어준 것 때문에 매출이 늘어났다고 확신할 수 있을 만큼의 눈에 보이는 성과가 없으면, 비용지불을 하면서까지 메타사이트에 링크를 걸 이유가 전혀 없기 때문이다. 그래서 메타사이트 창업자는 입점한 소셜커머스 사이트들에게 메타사이트의 역할로 매출이 늘어났다는 것을 확신시킬 수 있는 마케팅 능력을 갖추어야만 한다.

소셜커머스 창업자들이 갖는 2가지 착각

10년 전 닷컴 붐이 꺼지면서 사람들은 실제로 존재하지도 않는 가상공간을 구축하는데 과잉투자를 했다고 말했다. 당시의 상황을 고려해보면 이런 말이 충분히 나올 수 있을 것이다. IT사업이라고만 하면 성공 가능성에 대한 검토는 고사하고 사업 아이템이 무엇인지도 모른 채 수억 원씩 '묻지마 투자'가 이루어졌기 때문이다.

하지만 당시의 투자가 과잉투자였는가에 대한 판단은 어떤 면에서 보면 무의미하다. 왜냐하면 성공한 사람과 실패한 사람의 평가가 다를 수밖에 없기 때문이다. 그리고 인터넷 비즈니스의 특징은 '승자독식'이기 때문에 결국 성공을 거두는 사람은 극소수이며, 나머지 사람들은 말 그대로 존재하지도 않는 가상공간을 위해 헛돈만 날리게 되는 결과가 되기 때문이다.

그런데 그 당시에 IT 벤처기업의 창업자 중 일부는 벤처붐에 자극을 받아 IT사업에 대한 전문적인 정보나 지식을 갖추지 못한 상태에서 창업을 한 사람들이 있었고, 그런 현상은 현재의 소셜커머스 사이트 창업에 있어서도 마찬가지다.

최근에 소셜커머스 사이트를 창업하고 있는 사람들과 이야기를 해보면 소셜커머스 비즈니스에 대해 착각하고 있는 사실이 두 가지가 있다.

첫째, 소셜커머스 비즈니스는 고객들이 트위터를 통해 공동구매에 참여할 고객을 능동적으로 데려오는 시스템이라고 생각하는데 이것은 대단한 착각이다.

소셜커머스 판매는 정해진 숫자만큼의 고객이 모이지 않으면 구매가 취소되고, 그렇게 되면 고객들은 자신이 구입하고 싶은 쿠폰을 가질 수 없기 때문에 트위터나 페이스북을 통해 자발적으로 고객들을 끌어모으게 된다는 시스템인 것이 맞다. 그리고 실제로 미국의 그루폰은 이런 시스템이 제대로 작동하고 있다. 하지만 한국에서는 이런 시스템이 제대로 작동되기 어려운 근본적인 원인이 두 가지 있다. 우선 한국에서 트위터와 페이스북의 사용자가 무서운 속도로 증가하고는 있지만 아직까지는 트위터와 페이스북에 의존해서 사업을 하기란 충분하지 않다.

미국의 그루폰은 상품을 제공한 업체들에게 50%의 수수료를 받기 때문에 트위터를 통해 고객을 데려온 회원에게 충분한 인센티브를 제공함으로써 자발적인 참여를 끌어내는 것이 가능했지만 한국의 소셜커머스 사이트들이 받는 수수료는 10~20%밖에 되지 않기 때문에 고객을 데려온 회원에게 충분한 인센티브를 제공하지 못하며 자발적 참여를 이끌어 내는 것에 한계가 있다.

간단히 말하면 고객들이 공동구매에 참여할 고객을 자발적으로 데려올 가능성은 사실상 희박하다는 것이다.

냉철하게 고객의 입장에서 생각해보자. 주말에 애인과 할인된 가격에 고급 레스토랑에 가고 싶다면 소셜커머스 사이트에서 쿠폰 구입 신청을 할 것이다. 그러나 공동구매가 성사되지 않을 것에 대비해서 트위터로 50~100명이나 되는 인원을 모으기 위해 애를 쓸까?

한국의 소셜커머스 사이트에서 공동구매가 성사되는 것은 고객들이 참여자를 모아서 이루어지는 것이 아니라 사이트의 방문자가 워낙 많기 때문에 이루어지는 것이라 할 수 있다. 그러므로 사이트의 회원 수가 많지 않으면 실제로 공동구매가 이루어질 가능성은 희박하다고 보아야 한다.

둘째, 상품 소싱이 온라인을 통해 이루어질 수 있기 때문에 최소한의 직원만으로 영업을 할 수 있다는 것은 심각한 착각이다.

레스토랑이나 공연상품을 50% 할인된 가격으로 판매한다는 것은 일반적인 판매가 아니라 홍보를 위한 일회성 이벤트다. 그래서 소셜커머스 사이트가 하루 한 개씩의 상품을 올리려면 1년에 365개의 상품제공자를 발굴해야만 한다. 더구나 고객들이 만족할 수준의 퀄리티를 가진 상품을 올리려면 소셜커머스 사이트의 직원이 직접적인 현장조사를 통해 상품의 퀄리티를 확인해야만 한다. 그런데 현장을 직접 발로 뛰면서 상품 소싱을 하려면 많은 인력이 투입되어야만 가능하다. 그래서 최소의 인건비로 효율성을 발휘하기 위해서는 아르바이트생을 효율적으로 활용하는 방안을 마련할 필요가 있다. 물론 사이트의 인지도가 생기면서 자발적으로 상품제공 신청을 하는 업체들의 숫자가 늘어날수록 상품 소싱에 투입되는 인력은 저절로 줄어들 것이다.

파트너 없는 1인 창업은 성공할 가능성이 희박하다

7년 전 강남의 대입수능 명강사들의 강의를 온라인으로 옮겨놓은 메가스터디가 대박을 터뜨리면서, 학원가에는 메가스터디의 대박을 꿈꾸는 온라인 교육사이트가 수도 없이 생겨났다. 그리고 현재도 적자를 견뎌내며 대박의 꿈에 매달리는 사업자들의 숫자가 상당하다. 그런데 메가스터디 대박을 꿈꾸며 창업한 온라인 교육사이트 중 안정적인 운영궤도에 진입하는 비율은 3%도 안 된다.

원래 누군가 대박을 터뜨렸다는 것은 나머지 대다수의 실패를 의미하는 것일 수도 있고, 또 인터넷 사업은 어떤 비즈니스보다도 승자독식의 논리가 철저히 적용되기 때문에 특별한 현상이 아니라고 볼 수도 있다.

하지만 5년 동안 온라인 교육사이트에 뛰어들었던 창업자들의 열정과 투자자금의 규모를 고려하면 3% 미만이라는 확률은 확실히 낮다.

적게는 수억 원에서부터 많게는 수십억 원을 투자해서 시작하는 온라인 교육사이트들의 성공률이 이렇게 희박했던 이유는 무엇일까?

그 이유는 과거 한국인들의 일반적인 정서, 즉 동업은 배신할 위험성이 있어서 사업은 혼자서 하는 것이 안전하다는 믿음(?)과 훌륭하고 다양한 강의를 제공하기만 하면, 즉 좋은 상품을 제공하기만 하면 성공할 수 있다는 착각 때문이다.

대박을 터뜨린 메가스터디의 경우는 훌륭한 강의를 제공하기 위한 역할과 홍보를 위한 역할이 두 사람의 전문가(명강사출신 손주은, 대형약국 경영인 김성오)에 의해 분담되어 있었다. 하지만 대부분의 온라인 교육사이트는 강사출신의 창업자에 의한 1인 창업이 이루어지면서 강사출신 창업자의 한계인 홍보능력의 부재를 극복하지 못하고 오로지 훌륭한 강의를 제공하는 것으로만 승부를 보았기 때문에, 수억 원을 투자해서 훌륭한 사이트를 구축하고도 사이트를 알리는 데 실패하면서 결국 문을 닫아야 하는 경우가 대부분이었다.

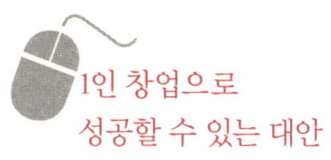

1인 창업으로
성공할 수 있는 대안

　　　　그 대안을 말하기 전에 지금까지 인터넷 사업으로 대박을 터뜨렸던 기업들의 경우를 살펴볼 필요가 있다.

　윈도 프로그램으로 세계시장을 독점하고 있는 마이크로소프트를 살펴보자.

　마이크로소프트도 빌 게이츠 혼자서 성공시킨 회사가 아니다. 빌 게이츠와 더불어 컴퓨터 프로그램의 천재인 폴 앨런이 있었고, 비즈니스 감각이 탁월한 스티브 발머가 가세하면서 비약적으로 성장한 회사다.

　10년 전까지만 해도 세계 검색시장의 지존이었던 야후는 어떠했는가?

　야후도 스탠퍼드대학 출신의 제리 양과 데이비드 파일로가 공동으로 설립하고, 전문 경영인 팀 쿠글이 가세하면서 나스닥 상장으로 대박을 터뜨린 회사다.

　야후를 제치고 세계 검색시장의 지존으로 등극한 구글은 어떠했는가?

　구글 역시 스탠퍼드대학 출신인 레리 페이지와 세르게이 브린이 공동으로 설립하고, 에릭 슈미트라는 인터넷 사업의 스타 경영인이 참여하면서 단번에 세계 검색시장의 지존으로 성장했다.

이것은 현재 소셜커머스 사이트의 선두그룹을 형성하고 있는 회사들에게도 나타나는 공통적인 현상이다. 티켓몬스터, 위메프, 쿠팡을 비롯한 선두그룹의 회사 중 1인 창업인 경우는 단 한 곳도 없다.

그러므로 소셜커머스 창업으로 성공하기 위해서는, 우선 '동업은 배신할 위험이 있어서 위험하다'는 낡고 방어적인 인식에서 탈피해야만 한다. 그리고 '상품 소싱'과 '홍보'의 두 가지 역할 중 한 가지에 대해 창업자를 대신해 책임지고 수행할 수 있는 파트너를 찾아 손잡아야만 한다.

소셜커머스 사업자가 명심해야 할 냉혹한 현실

인터넷이 출현하기 전의 굴뚝산업은 자본력과 인맥을 갖지 못한 사람들에게 성공은 고사하고 창업 자체도 힘들었다. 하지만 인터넷의 출현은 자본력과 인맥이 없어도 번뜩이는 아이디어와 열정을 갖춘 사람들에게 성공의 기회를 제공하기 시작했다. 그래서 하버드대학 중퇴생인 빌 게이츠의 마이크로소프트, 스탠퍼드 재학생인 제리 양의 야후, 그리고 하버드대학 재학생인 마크 주커버그의 페이스북이 탄생한 것이다.

그러나 세상에는 번뜩이는 아이디어와 열정을 가진 사람이 수없이 많아서 경쟁이 치열하기 때문에 대박이라는 성공의 열매는 극소수에게만 주어지고, 나머지에게는 사업실패로 인한 경제적 고통과 좌절감으로 가득 찬 지옥의 문이 열리는 것이 현실이다.

이런 현실을 생각한다면 소셜커머스 사이트를 창업하기 전에 소셜커머스 사업자가 겪게 될 냉혹한 두 가지의 현실에 대해 정확히 인식하고 있어야만 한다.

첫째, 아무리 잘 만들어진 사이트라도 실제로 사람들에게 알려지는 확률은 3%에 불과하다.

일반적으로 사람들은 사이트를 잘 만들기만 하면 입소문을 통해 저절로 알려질 것이라고 생각하지만 이것은 낭만적인 소망일 뿐이다. 7년 전에 온라인 교육사이트인 메가스터디가 대박을 낸 이후로 최근까지 3억 이상의 투자가 이루어진 교육사이트의 숫자가 대략 100개 정도라고 한다. 그런데 실제로 사람들에게 알려진 사이트는 3~4개에 불과하며 나머지 사이트들은 가동도 해보지 못한 채 사라지고 있다. 그래서 사이트 구축보다 더 어렵고 힘든 일이 사이트를 알리는 일이라고들 말한다.

둘째, 고객은 불편한 것을 결코 참지 않으며 언제든지 쉽게 등을 돌릴 만큼 냉정하다.

현실적으로 수십억 원의 현금을 보유하고 있는 사람들은 벤처사업에 눈을 돌리는 경우가 드물다. 그래서 벤처사업은 아이디어와 열정은 갖추었는데 자본력을 갖추지 못한 사람들이 하는 경우가 대부분이며, 인터넷을 기반으로 창업되는 회사 중 자본력을 갖추고 시작되는 경우는 확률적으로 '5%' 미만이라고 한다.

이것은 소셜커머스 사이트를 창업하려는 사람들도 같을 것이다. 사이트 구축, 상품 소싱, 사이트 홍보, 고객관리까지 소수의 직원들이 실행해야 하는데, 고객의 불편을 신속하고 정확하게 처리하는 것이 현실적으로 결코 쉬운 일이 아니다. 왜냐하면 아무리 열정이 뜨겁고 탁월한 능력을 갖추어도 몸은 '하나'뿐이기 때문이다.

그러다 보니 고객의 불편한 것을 처리하는 시간이 지연되고 고객은 불편한 것을 참으려 하지 않고, 또 참아야 할 이유도 없기 때문에 곧바로 다른 업체로 발길을 돌려버린다.

2010년 10월, 홍대부근에 있는 이탈리안 레스토랑의 쿠폰을 판매한 뒤 레스토랑의 실수로 홈페이지에 고객들의 불만제기와 환불요구 글이 도배되면서 해당 소셜커머스 사이트가 폐업까지 고려할 만큼 위태로운 상태가 되었던 사례를 명심해야 한다.

만약 소셜커머스 사업에 관심이 있는 사람이 있다면 다음의 사실을 먼저 받아들여야 한다.

우리가 배움을 통해 알고 있는 것들이 모두 진리인 것은 아니다!

현재 인류는 원자력을 이용해서 전기를 생산하고 또 병원에서 환자를 치료하고 있다. 그런데 과거에는 인간이 원자력을 사용할 가능성이 전혀 없다고 단언한 사람이 있었다. 그는 누구였을까? 바로 1923년 노벨 물리학상을 수상한 로버트 밀리컨이었다.

카세트테이프가 나오기 전까지 축음기는 전 세계인이 음악을 즐길 수 있도록 해주었고 아직도 음악 마니아 중에는 축음기를 이용하는 경우가 많다. 그런데 1877년에 최초로 축음기가 발명되었을 당시에 축음기는 상업성이 없다고 단언한 사람이 있었다. 그는 누구였을까? 바로 축음기를 발명한 에디슨이었다.

지금은 가정마다 책상에 컴퓨터가 놓여 있고 사무실에도 각각의 책상에 컴퓨터가 놓여 있다. 그런데 세계 시장의 컴퓨터 수요는 5대 정도면 충분하다고 단언했던 사람이 있었다. 그는 누구였을까? 바로 세계적인 컴퓨터 제조회사인 IBM의 창업자인 토마스 J. 왓슨이었다.

과거에는 서울에서 부산까지 일반열차를 타고 가면 17시간이 걸렸다. 하지만 지금은 고속열차를 타면 서울에서 부산까지 2시간이면 된다. 그런데 고속열차는 승무원들이 질식사하기 때문에 불가능하다는 것을 과학적으로 설명한 사람이 있었다. 그는 누구였을까? 바로 런던 유니버시티 칼리지의 존경받는 교수 라드나였었다.

독자 중에 만약 소셜커머스 대박을 꿈꾸는 분이 있다면 다음의 사실을 먼저 받아들여야 한다.

사업 성공의 기회는 점잖은 청학동 선배보다 돈키호테에게 찾아온다!

지금까지 늘 일반적이고 상식적인 경영만을 해왔던 점잖은 청학동 선비형 경영자는 사람들의 비난을 받는 일이 거의 없었다. 그러나 크게 성공을 거두는 경우도 거의 없었다. 지금까지 남과 다르거나 파괴적인 혁신을 해왔던 돈키호테식 경영자는 사람들의 비난이 끊이지 않아 왔다. 그러나 크게 성공을 거둔 이들은 바로 이들이었다.

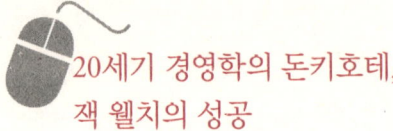

20세기 경영학의 돈키호테, 잭 웰치의 성공

오늘날 '20세기 경영학의 교과서'로 불리는 잭 웰치는 평사원으로 GE에 들어가 회장의 자리에 올랐다. 그는 1981년 회장으로 취임하여 2001년 은퇴하기까지 GE의 시장가치를 40배 늘리면서 미국 서열 10위였던 기업을 1위 기업으로 성장시켰고 1조 원의 연봉을 받았다.

회장에 취임한 잭 웰치는 GE의 사업부서 중 세계시장에서 1위 또는 2위가 아닌 사업부는 매각하였고 매각이 힘든 경우는 폐쇄시켰다. 그 결과 100억 달러에 달하는 사업부가 폐쇄되었고, 1990년대에는 세계 시장을 선도할 190억 달러에 상당하는 사업부 인수를 감행하였다.

그리고 GE의 직원들을 상위 20%, 중위 70%, 하위 10%로 평가하여 하위 10%의 직원들은 회사를 떠나도록 하는 반면, 상위 20% 직원들은 중위 70% 직원들에 비해 최고 3배의 월급과 스톡옵션까지 주며 파격적으로 차별 관리를 했다.

이렇게 사업 부서를 폐쇄시키고 사원들을 대량으로 해고하면서 구조조정을 하는 모습이 그가 처음 회장으로 취임했던 1980년대에는 상상하기 힘든 모습이었다. GE의 내부는 물론이고 세계적인 경제학자 톰 피터스, 그리고 하버드 대학의 마이클 포터를 비롯한 경영학 교수들은 '잭 웰치가 GE를 망하게 할 것'이라고 맹렬히 비난했다. 그러나 구조조정 때문에 능력 있는 사원들의 근로의욕을 극대화시키면서 생산성이 향상되고, 경쟁력이 떨어지는 부서의 폐쇄를 통해 얻은 자금으로 새로운 사업영역을 개척하는 등의 잭 웰치식 경영전략이 GE를 고속성장시키면서 그는 새로운 경영모델로 각광을 받게 되었다. 결국 20세기 경영의 돈키호테 잭 웰치가 경영학의 교과서를 새롭게 쓰게 된 것이다.

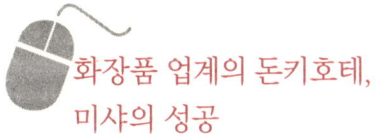

화장품 업계의 돈키호테, 미샤의 성공

　　　　미샤의 창업자 서영필 사장은 유명 화장품 회사의 평범한 연구원으로 근무했었다. 그러던 중 월급만 받고 사는 샐러리맨에서 벗어나 내 사업을 하고 싶다는 소박한 생각으로 화장품 소매점을 차렸다. 그리고 어느 날 문득 이런 생각을 하게 되었다.

화장품은 여성들이 매일 사용하는 생필품이고, 또 화장품에 들어가는 원가를 계산해보면 이렇게 비싸야 할 이유가 없잖아?

화장품 회사의 연구원 생활을 했었기 때문에 화장품에 들어가는 원가에 대해 누구보다도 잘 알고 있던 서영필 사장은 파격적으로 값이 싸면서도 질이 떨어지지 않는 화장품을 만들겠다는 생각으로 1997년에 자신의 화장품 브랜드 '입스'를 만들었다. 그리고 화장품 가격을 1만 원대로 떨어뜨렸다.

당시 서영필 사장의 이러한 시도는 화장품 업계에서는 돈키호테식 발상이었다. 왜냐하면 당시 화장품 업계는 '화장품은 가격이 비싼 것이 품질도 좋다'는 인식이 지배적이었기 때문이었다. 그럼에도 처음에는 저가 화장품을 판매하기 시작하면서 매출이 꾸준히 늘어 성공을 가져오는 듯 했지만, 곧바로 어려움에 빠지게 되었다. 어음과 외상으로 현금이 잘 돌지 않고 게다가 돈을 떼먹히는 경우까지 생기면서 자금난에 허덕이게 된 것이었다. 더욱이 외환위기로 전체적인 소비가 위축되어 매출이 줄어들기 시작하면서 무엇인가 획기적인 돌파구가 필요했다.

그래서 2000년에 무작정 인터넷 화장품 포털 '뷰티넷'을 만들었다. 하지만 이렇게 무작정 만든 인터넷 사이트가 그에게 성공을 가져다줄 발판이 될 줄은 꿈에도 몰랐다. 제품에 대한 소비자들의 피드백 정도만 얻을 수 있어도 성공이라 생각하며 만든 사이트였는데,

이 사이트를 통해 대박이 터지게 된 것이었다. 이 사이트를 찾은 여성들에게서 '화장품의 가격과 품질이 반드시 일치하는 것이 아니다'라는 입소문이 나면서 2002년에 이대 앞에 낸 7평짜리 '미샤' 매장에 20~30대 여성고객들이 몰려들기 시작했다. 결국 미샤 매장은 2년 만에 70개로 늘어나면서 대박이 터지기 시작했던 것이다.

강태공의 기다림을
배워야 한다

성공은 영리한 사람보다
오래 기다리는 사람의 집을 찾아간다

그루폰의 성공신화, 티켓 몬스터와 위메프의 판매 돌풍에 자극받은 젊은 창업자들이 소셜커머스를 통해 대박을 꿈꾸고 있다. 시장경제는 개인의 이기심을 기반으로 발전한다는 아담 스미스의 논리를 굳이 들먹이지 않아도 현재의 이런 열풍은 침체된 경제에 활기를 불어넣을 수 있다는 점에서 바람직하다고 생각된다.

하지만 창업자들이 한번쯤 꼭 생각해봐야 할 만한 격언이 있다.

대박은 영리한 사람보다 오래 기다리는 사람의 집을 찾아간다!

주식이나 부동산에 투자한 경험이 있는 사람이라면 누구나 이 격언을 한번쯤 들어봤을 것이라고 생각되는데 필자의 경험이 혹시 도움될까 해서 간략하게 이야기해 보려고 한다.

20년 전에 필자는 대입 재수생 학원의 영어강사를 하면서 월급을 모아 파주의 땅을 사들였는데, 같은 학원에 근무했던 선배 강사들도 필자의 권유로 파주에 땅을 사들인 경우가 많았었다. 그런데 그 뒤의 행보는 차이가 많았다.

필자는 땅을 산 뒤에 10년 동안은 의도적으로 땅값이 오르든 내리든 신경 쓰지 않으려 했다. 그래서 중간에 마음이 흔들릴까봐 땅을 사는 경우가 아니면 파주에 발길도 하지 않았다. 그리고 땅을 산 뒤에 '최소 8년'이 지난 뒤에서야 땅을 되팔았다. 선배 강사 중 일부는 땅을 산 뒤에 땅값이 올랐는지 내렸는지 수시로 확인을 했었고, 매주 주말마다 파주에 가서 땅값을 수시로 직접 확인했었다. 그리고 땅값 변동에 따라 기민하게 땅을 되팔았었다.

그러나 파주에 땅을 사들인 뒤의 행보 차이가 결과에 큰 차이를 만들었다. 필자는 땅을 되팔 때마다 최소 15배의 이익을 냈지만, 선배 강사들은 땅을 되팔면서 이익을 본 것이 별로 없었고, 그 이익마저도 세금으로 모두 날아갔다.

벤처 열풍이 불 때도 단기간에 대박을 터뜨린 사람은 아무도 없었다

10여 년 전 벤처 열풍이 불 때 언론을 통해 대박의 주인공들이 대서특필 되었지만 대박을 터뜨린 화려한 모습만 보여 주었고, 정작 그들이 얼마나 피 말리는 인내의 세월을 보냈는지에 대한 것은 제대로 보여주지 못했던 것 같다.

그런데 그 당시 대박을 터뜨린 주인공들에게는 거의 예외 없이 공통점이 있었다. 그들은 벤처 열풍이 불면서 창업을 한 사람들이 아니라, 벤처 열풍이 불기 전까지 최소 2~3년을 허름한 창고 같은 건물에서 밤을 새우며 기술개발에 매달렸고, 또 늘 앞이 보이지 않는 불안감과 싸우며 하루하루 힘겹게 버텨낸 사람들이라는 것이다.

개인 컴퓨터의 대중화가 가져온 세상의 변화보다 스마트폰의 대중화가 가져올 세상의 변화가 더 크고 빠르다는 것을 생각하면, 소셜커머스의 성장이 어느 정도까지 이루어질지 누구도 예측할 수 없을 만큼 엄청나다. 하지만 성공을 하는 창업자는 극소수가 될 수밖에 없고, 성공의 주인공이 되는 데 가장 필요한 것은 '강태공의 기다림'이라고 생각된다.

1980년대에 일본이 세계경제를 주름잡을 수 있었던 비결이 강태공의 기다림에 대해 좀 더 명확한 설명이 될 수 있을 것이다. 1970년 대부터 일본은 태국과 필리핀에 엄청난 원조를 했었다. 태국과 필리

핀의 도로를 일본이 무상으로 건설해준 것이다. 그 후 태국과 필리 핀의 경제가 점차 성장하면서 자가용 소유자의 비율이 늘기 시작했 는데, 자동차의 90%는 일본의 닛산이나 혼다였다. 당장의 수익보다 장기적인 안목의 투자가 일본의 자동차 산업을 비약적으로 발전시 킨 사례인 것이다. 이런 맥락에서 보면 소셜커머스도 이제 막 시장 이 열리고 있는 초기 단계에서의 작은 수익보다는 시장이 성장한 뒤 에 큰 수익을 목표로 하는 장기적인 안목이 필요할 것이다.

후발주자가 선두를 따라잡는 기발한 방법은 없다

몇 달의 차이만으로도 선두주자와
후발주자의 격차가 벌어진다

어떤 기업이든 새로운 분야의 사업에 진출하는 것은 시행착오로 인한 비용지출이 불가피하기 때문에 리스크가 커서 꺼리게 된다. 그럼에도 기업들이 새로운 분야에 과감하게 진출하는 것은 선점의 효과가 주는 매력 때문이다. 특히 IT산업에서는 우뚝 선 1등이 생기게 되면 2등이 따라잡을 가능성이 극히 적다.

빌 게이츠는 생각의 속도가 성패를 좌우한다고 말하고 있다. 고작 10만 명의 군대와 100만 명의 인구로 칭기즈칸이 세계 최고의 제국을 건설할 수 있었던 것도 기마부대를 주축으로 한 기동성에 있었다. 다시 말하면 IT사업은 100% 완벽한 사업계획서를 갖고 신중하게 진출하는 기업보다 70%의 불완전한 사업계획서를 갖고 과감하게 진출하는 기업의 성공률이 훨씬 더 높다는 것아 정설이다.

일반적인 비즈니스에서는 영업을 시작한 시기가 몇 개월 밖에 차이가 나지 않는 경우에는 선두주자와 후발주자 간의 격차가 사실상 그다지 크지 않다. 하지만 소셜커머스는 시장의 성장 속도가 너무 빨라서 영업을 시작한 시기가 불과 몇 개월만 차이 나도 이미 선두주자와 후발주자 간에는 상당한 격차가 벌어지는 것이다.

따라서 후발주자는 이런 격차를 한시라도 빨리 따라잡지 못하면 영원히 뒤처질 것이라는 불안감, 그리고 무슨 수를 써서라도 선두주자를 따라잡아야만 한다는 압박감이 생기면서 소셜커머스 판매의 기본원칙에 소홀하게 되는데 그런 경우를 요약해서 정리하면 다음과 같다.

첫째, 판매기간을 하루가 아니라 며칠씩 늘려 잡는 경우다.

소셜커머스 판매기간을 하루로 한정하는 이유가 원래는 충동구매를 유도하기 위해서라고 하지만 그보다 더 근본적인 이유가 있다. 그것은 싱품판매의 회전율을 위해서다. 예를 들어 하루에 한 개의 상품을 판매하면 한 달에 30개의 상품을 판매할 수 있지만, 3일에 한 개를 팔면 한 달에 10개밖에 판매하지 못한다. 그런데 소셜커머스가 판매하는 상품은 생필품이 아니라 '소비성 서비스 상품'이기 때문에 판매기간이 길어진다고 해서 그만큼 판매량이 늘어나는 것이 아니다. 그리고 판매기간이 길어질수록 소비자가 상품구매를 결정하는 기간이 길어져 매출이 발생하는 시기도 더 늦어지지만, 이 기간에도 인건비와 유지비는 변함없이 지출된다는 점을 심각하게 생각해 볼 필요가 있다.

둘째, 쿠폰 판매의 최소 수량과 최대 수량을 정해놓지 않고 판매하는 경우다.

후발주자들은 판매에 대해 자신이 없다 보니 최소 수량을 정하지 않고 판매하는 경우들이 있다. 그런데 최소 수량이 정해져 있지 않다면 고객들의 입장에서는 입소문을 낼 이유가 없어지며, 심지어는 과연 이 상품이 실제로 반가격에 할인된 것인지 의심할 수밖에 없다. 왜냐하면 소셜커머스 반값 할인이 가능한 것은 공동구매이기 때문인데 최소 수량이 정해져 있지 않다는 것은 공동구매가 아닌 상태로도 상품을 판매하겠다는 것이므로 반값 할인이 아니라 평상시의 가격일 가능성이 높기 때문이다.

그리고 최대 수량을 정해놓지 않고 판매하는 경우들도 있다. 후발주자들의 경우 평소 판매가 잘되지 않기 때문에 소비자들의 반응이 좋은 경우에는 최대한 많은 쿠폰을 팔려고 한다. 그런데 상품제공자의 고객 수용인원이 초과되면 서비스의 질이 떨어지고 고객 불만족이 필연적이기 때문에 장기적으로 이미지의 손상이 뻔하고 자

칫하면 환불사태를 빚을 수도 있다는 점을 다시 생각해 볼 필요가
있다.

셋째, 당장의 상품판매를 위한 홍보에만 올인하면서 소셜커뮤니
티의 형성에 소홀히 하는 것이다.

평당 임대료가 엄청나게 비싼 건물에서 영업을 하는 백화점들이
왜 주부들을 위한 문화공간과 어린이들의 놀이공간을 만드는지, 그
리고 무료 법률상담 같은 서비스까지 제공하는지 생각해보아야 한
다. 상품을 팔기만 하면 되는 백화점들이 이런 투자를 하는 이유는
백화점이 단지 상품판매만 이루어지는 장터가 되면 롱런할 수 없기
때문이다. 그런 맥락에서 보면 소셜네트워크를 기반으로 하는 소셜
커머스의 경우는 '소셜커뮤니티'를 형성하지 못하면 절대로 성공할
수 없다는 것을 깊이 생각해야 한다.

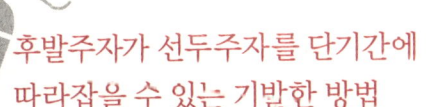

후발주자가 선두주자를 단기간에 따라잡을 수 있는 기발한 방법

결론부터 말하면 세상에 용빼는
재주란 애초에 존재하지 않듯이 후발주자가 선두주자를 단기간에
따라잡을 수 있는 기발한 방법이란 있을 수 없다. 만일 그런 방법이

있을 수 있다면 기업들이 엄청난 리스크를 감수하면서까지 선점 효과를 노리며 새로운 사업에 먼저 뛰어들 이유도 없지 않았을까?

대체로 사람들은 대박을 터뜨린 기업 혹은 세계적인 일류기업은 무엇인가 특별하고 기발한 노하우가 있었을 것이라고 생각하지만 실제로 성장 과정을 파고 들어가 보면 그렇지 않았던 경우가 대부분이며, 굳이 성장의 비결을 꼽으라면 상식적이고 원칙적인 기본에 충실했다는 것이다.

몇 년 전에 시사 주간지 〈타임〉의 커버스토리에 실렸던 일본의 '금강조'라는 기업의 사례는 후발주자가 선두주자를 따라잡을 수 있는 유일한 방안이 무엇인지에 대한 해답을 줄 수 있으리라 생각된다.

금강조는 1400년 전에 창립되어 무려 40대를 내려오며 운영되는 세계에서 가장 오래된 회사이다. 일반적으로 기업의 평균 수명이 20년도 되지 않는 것을 고려하면 1400년 동안 회사가 유지되고 있다는 것은 놀랍기만 하다.

금강조의 명성은 1995년 일본 고베에 대지진이 있었을 때 금광조가 지은 '계광원'이라는 사찰이 지진에서도 전혀 손상되지 않은 것으로 입증되었다. 금강조가 지켜 온 기본은 너무나 상식적인 세 가지로 요약된다.

첫째, 건물을 지을 때 보이는 곳보다 보이지 않는 곳에 더 충실한다. 그래서 자재도 눈에 보이는 바깥보다도 눈에 보이지 않는 천장에 더 비싸고 좋은 자재를 쓴다는 것이다.

둘째, 매출액을 늘 1,000억 원만 유지한다. 눈에 보이지 않는 현장이 생기면 부실로 이어지기 때문에 공사량을 절대로 마구 늘리지 않는다는 것이다.

셋째, 사장이 반드시 현장에서 살아야 한다. 회사 4층에는 사장의 살림집이 있고 사장은 밤중에 야근 직원을 방문하며, 공사 현장이 아무리 멀어도 직접 방문하여 현장을 감독한다는 것이다.

기본에 충실한다는 것이 언뜻 듣기에는 쉬운 것 같지만, 사실은 엄청나게 어려운 일이다. 그것이 왜 어려운 일인지는 성공하는 기업은 소수인데 망하는 기업은 다수라는 사실이 말해주고 있다.

부록

소셜커머스 궁금증
요약정리

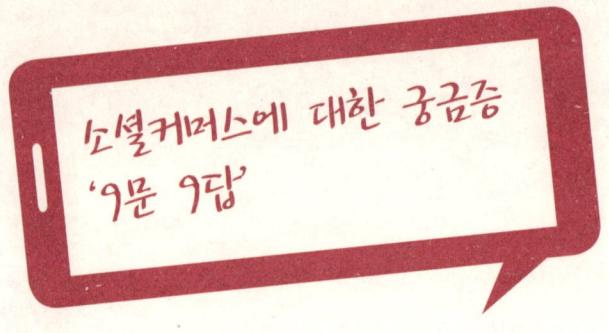

소셜커머스에 대한 궁금증
'9문 9답'

상품의 퀄리티는 그대로 유지되면서 상품가격을 파격적으로 50% 할인하는 소셜커머스가 유통시장에 큰 변화의 바람을 일으키고 있다. 하지만 아직까지 소셜커머스 비즈니스에 대한 정보가 부족한 탓에, 소셜커머스 창업을 하려는 독자들조차도 소셜커머스에 대한 이해가 부족한 사람들이 상당수 있다. 따라서 소셜커머스에 대한 문의 중 가장 공통적인 것들을 정리해 보았다(자료제공: '반가격닷컴' 시장분석팀).

1. 소셜커머스란 무엇인가?

소셜커머스란 소비자들의 인적 네트워크를 통해 많은 사람이 모여서 공동구매를 통해 상품가격을 낮추는 상거래다.

2. 단기간 내에 폭발적으로 성장하고 있는 이유는?

기존의 전자상거래에서는 불가능한 파격적인 할인율 때문이며, 이렇게 파격적인 할인이 이루어져도 상품제공자, 소비자, 중개인 모두가 윈윈할 수 있는 시스템을 갖고 있기 때문이다.

3. 유통시장을 혁명적으로 바꿀 것이라는 이유는?

현재 스마트폰의 보급 숫자는 600만대인데 내년에는 2,000만대가 될 것이다. 그리고 소비자들이 스마트폰의 이용에 익숙해지면 위치의 한계 없이 어느 곳에서나 인터넷에 접속할 수 있고, 트위터나 페이스북을 통해 상품에 대한 정보를 실시간으로 교환하게 되면서 입소문을 통한 광고효과가 기존의 공중파TV나 메이저 신문의 광고독점을 깨뜨리기 때문이다.

4. 창업자에게 가장 필요한 능력은?

소셜커머스 사이트에 파격적으로 할인된 상품을 제공하는 업체의 목적은 광고다. 그래서 소셜커머스 업체는 상품을 제공할 업체를 1년 동안 365개를 찾아내야 하며, 상품의 퀄리티와 고객에 대한 친절도가 높은 업체를 찾아내야만 한다. 왜냐하면 고객의 만족도는 어떤 상품을 제공하느냐에 따라 이미 결정되기 때문이다. 그래서 소셜커머스 창업자에게 최우선적으로 필요한 것은 '상품 소싱 능력'이다.

5. 다음, 네이버 같은 대형포털이 소셜커머스 진출을 하는 것은 무슨 이유인가?

현재 다음이나 네이버 같은 대형포털의 주요 수입원은 배너광고, 검색어 판매다. 그런데 트위터, 페이스북 같은 막강한 경쟁자가 출현하면서 광고 시장 수입원에 대해 위기감을 갖고 있다. 그래서 네이버는 '미투데이', 다음은 '요즘'이라는 새로운 모델을 출시하면서 소셜커머스 시장에 관심을 갖고 있는 것이다.

6. 싸이월드를 운영하는 SK커뮤니케이션이 소셜커머스 진출을 하는 것은 무슨 이유인가?

싸이월드는 엄청난 회원을 모았고 이로 인해 트래픽의 양도 엄청나다. 그런데 문제는 이렇게 엄청난 트래픽이 수입으로 연결되지 않는다. 말하자면 엄청난 자금을 퍼부어서 인적 네트워크를 형성했는데, 정작 이것을 수입으로 연결할 방법이 마땅치 않았던 것이다. 그런데 소셜커머스야말로 이런 인적 네트워크를 수입으로 연결시킬 최고의 방법이 될 수 있기 때문이다.

7. 그루폰이 아직 신생업체인 딜즈온을 거액을 주고 서둘러 산 이유는 무엇인가?

그루폰이 딜즈온을 거액을 주고 산 이유는 두 가지다.

첫째는 한국의 소셜커머스 시장의 성장 속도가 너무 빨라서 진출

시기를 더 이상 늦출 수 없기 때문이다.

둘째는 소셜커머스에서 가장 중요한 것이 상품 소싱 능력인데, 그 지역을 잘 아는 소셜커머스 업체와 손을 잡지 않으면 시행착오를 겪게 될 리스크가 너무 크기 때문이다.

8. 대형포털이나 대기업이 소셜커머스에 진출하면 중소형 벤처들은 생존 자체가 어렵지 않은가?

소셜커머스 사업의 특성상 자본의 크기가 전적으로 성패를 좌우하지는 않는다. 만약, 자본의 크기가 성패를 좌우한다면 삼성 같은 경우는 자회사를 통해 소셜커머스에 진출해서 싹쓸이할 수 있을 텐데 왜 진출하지 않을까? 애초에 그루폰도 성장 초기 단계인 시점에 야후나 구글의 진출로 망하지 않았을까?

9. 소셜커머스 사이트를 한곳에 모아놓은 메타사이트도 수익을 창출할 수 있는 비즈니스 모델인가?

소셜커머스 비즈니스 모델은 직접적인 영업을 하는 사이트와 이런 사이트를 한곳에 모아놓은 메타사이트 두 가지 모델이 있다. 그런데 메타사이트가 수익을 낼 수 있는 시기는 전자의 사이트들이 수익을 낸 뒤에 가능하다. 그래서 메타사이트는 시장이 더 확장될 때까지 기다려야 하는 지루함이 있지만 수익을 낼 수 있는 모델인 것은 확실하다.

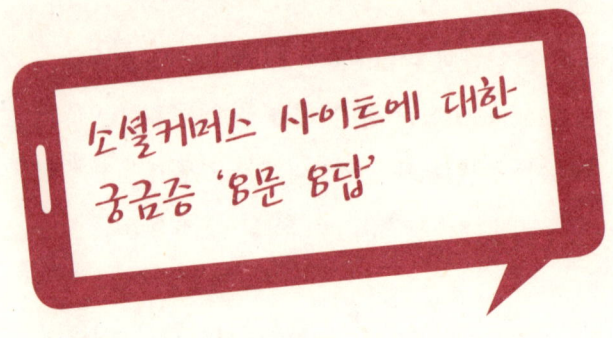

소셜커머스 사이트에 대한
궁금증 '8문 8답'

소셜커머스는 상품을 제공하는 업체의 입장에서는 광고효과를 누리고, 소비자는 파격적인 할인혜택을 누리며, 소셜커머스 업체는 수수료의 이익을 보면서 모두가 윈윈할 수 있는 시스템이어서 유통시장의 근본적인 변화를 일으키고 있다. 특히 옥션이나 G마켓 같은 기존의 인터넷 쇼핑몰이 상상할 수 없었던 파격적인 50% 할인으로 소비자들에게 강한 매력을 주고 있다.

그래서 소셜커머스 사이트에 대한 문의 중 가장 공통적인 것들을 정리해 보았다(자료제공: '반가격닷컴' 시장분석팀).

1. 소셜커머스 사이트란 무엇인가?

소셜커머스 사이트란 트위터, 페이스북 등 소셜미디어를 이용하여 공동구매를 통해 파격적으로 할인된(대부분 50%) 상품만을 판매하는 곳을 말한다.

2. 50% 할인이 실제로 가능한가?

상품의 퀄리티를 그대로 유지하면서도 50% 할인이 가능한 이유는 업체들이 홍보를 위해서 상품을 제공하기 때문이다.

새로 오픈을 했거나 혹은 공격적인 마케팅을 펼치려는 업체의 경우 엄청난 광고비를 지출해야 하는데, 이전에는 광고 효과에 대한 리스크를 감수해야 했었다. 그러나 소셜커머스의 경우는 공동구매를 통해 대량판매가 이루어져서 광고효과가 확실히 나타나는 경우에만 광고비(소셜커머스 업체에 지불하는 수수료)를 지불하는 시스템이다.

예를 들어, 한강 선착장의 레스토랑이 주말에는 붐비지만, 평상시에는 텅텅 비는 경우가 많다. 이런 경우에 레스토랑은 50% 할인된 가격이라도 손님이 많이 들어오기만 한다면 더 이익이 아닐까?

3. 소셜커머스 사이트와 기존의 인터넷 쇼핑몰(옥션, 인터파크) 간에는 어떤 차이가 있나?

소셜커머스 사이트와 기존의 인터넷 쇼핑몰은 얼핏 보면 비슷하지만, 실제론 차이가 있다. 바로 '할인율'의 차이다. 이렇게 할인율이 크게 차이 날 수 있는 이유는 소셜커머스의 경우 상품제공자가 광고를 위해서 상품을 제공하는 것이고, 또 공동구매로 대량판매가 이루어지기 때문이다.

4. 대표적인 소셜커머스 사이트는?

원조는 미국의 그루폰이라는 사이트이며, 한국에서는 2010년 초부터 사이트가 생겨나기 시작했다. 대표적인 사이트는 다음과 같다.

위메프(www.wemakeprice.com): 최근에 1위 업체로 등극한 사이트
티켓몬스터(http://www.ticketmonster.co.kr): 영업실적이 가장 탄탄한 사이트
데일리픽(http://www.dailypick.co.kr): 식당전문 사이트
딜즈온(www.dealson.co.kr): 그루폰에 지분의 80%를 50억에 매각한 사이트

5. 소셜커머스 사이트는 어떻게 나누어지나?

소셜커머스 사이트: 위메프, 티켓몬스터, 데일리픽, 딜즈온
소셜커머스 메타사이트: 반가격닷컴

6. 소셜커머스 사이트에서 구매는 어떤 방식으로 이루어지나?

소셜커머스 사이트의 홈페이지에서 진열된 상품을 보고 구매 결정을 한 뒤에 신용카드로 결제한다. 그리고 결제가 완료되면 사이트

에서 본인의 핸드폰으로 쿠폰 인증번호를 보냄으로써 구매가 완료된다.

7. 소셜커머스 사이트는 어떤 방식으로 수입을 올리나?

소셜커머스 사이트: 상품을 제공한 업체에서 판매된 매출액의 15% 정도를 수수료로 받는다.

소셜커머스 메타사이트: 상품을 등록한 소셜커머스 사이트들로부터 상품 진열에 대한 수수료를 받는다.

8. 소셜커머스 사이트와 원어데이 사이트가 같은 개념인가?

소셜커머스 사이트와 원어데이 사이트는 하루에 한 개의 상품만을 판다. 그러나 소셜커머스 사이트는 공동구매로 가격을 낮추는데 비해 원어데이 사이트는 공동구매가 아니라는 점에서 차이가 있다. 하지만 최근에는 거의 모든 원어데이 사이트가 소셜커머스 사이트처럼 소셜네트워크를 이용해서 공동구매로 변화되는 추세이기 때문에 이제는 실세로 차이가 없어지고 있다.

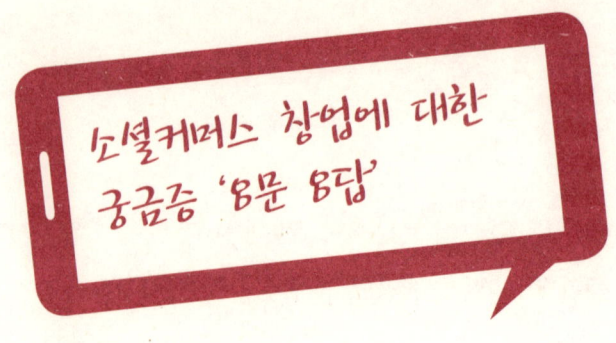

소셜커머스 창업에 대한
궁금증 '8문 8답'

스마트폰의 확산으로 소셜커머스 시장은 성장 가능성이 무한하면서도 진입장벽이 낮기 때문에 매일 소셜커머스 사이트가 생겨나고, 동시에 사이트 개설 후 몇 달을 버티지 못하는 업체들도 생겨나는 초기 단계다. 미국에서는 28세의 컴퓨터 프로그래머인 한 청년이 창업한 소셜커머스 사이트 그루폰이 창업한 지 2년 만에 기업가치 3조 원이라는 대박을 터뜨렸고, 그루폰을 모델로 한 국내의 소셜커머스 업체들도 매일 놀라운 매출실적을 기록하면서 열정과 아이디어를 가진 젊은 창업자들에게 매력적인 사업 아이템으로 부각하고 있다.

그래서 소셜커머스 창업에 대한 문의 중 가장 공통적인 것들을 정리해 보았다(자료제공: '반가격닷컴' 시장분석팀).

1. 소셜커머스 시장의 규모는 어느 정도인가?

소셜커머스의 2010년도 시장규모는 600억 원, 2011년도 시장규모는 3,000억 원 이상으로 추산하고 있다. 하지만 현재 전자상거래의 시장규모가 22조 원이고, 전자상거래의 트렌드가 급격히 소셜커머스로 변화되고 있는 것을 고려하면 시장규모의 변화는 예측할 수 없을 만큼 엄청나다.

2. 현재 영업을 하고 있는 소셜커머스 업체는 몇 개이고 앞으로 얼마나 더 늘어날까?

현재 소셜커머스 업체는 대략 160개 정도이며, 하루 한 개씩 새로운 업체가 늘어나고 있는 추세다. 소셜커머스 시장이 폭발적으로 성장하고 있는 점을 고려하면 업체의 숫자가 얼마나 더 늘어날지는 예측 불가능하다.

3. 1인 기업으로 창업을 한다면 어느 정도의 자본이 필요한가?

1인 기업으로 창업을 한다면 홈페이지를 만드는 것 이외에는 특별히 비용이 들어가는 것이 없기 때문에 300만 원 정도면 창업이 가능하다.

4. 1인 기업을 창업하려면 창업자가 컴퓨터를 잘 다루어야 하나?

소셜커머스 창업자는 컴퓨터 프로그래머가 아니라 상품을 판매하는 장사꾼이기 때문에 굳이 컴퓨터를 잘 다루어야 할 필요는 없다. 참고로 반가격닷컴의 창업자는 아직도 컴맹이다.

5. 창업자가 갖추어야 할 필수조건은 무엇인가?

창업자가 갖추어야 할 조건은 대략 3가지로 요약할 수 있다.

첫째, 소셜커머스가 아직까지는 진입장벽이 낮아서 수많은 창업자들이 무한경쟁을 할 것이기 때문에 사업 성공에 대한 강한 열정이 있어야 한다.

둘째, 소셜커머스가 아직까지는 미래형 사업이고 벤처사업이다 보니 모험정신이 있어야만 한다.

셋째, 소셜커머스 소비자의 연령대가 20~30대이므로 이들의 소비 패턴을 정확히 판단할 수 있는 예리한 감각이 있어야 한다.

6. 영업은 어떻게 해야 하나?

소셜커머스 사업의 성패를 좌우하는 최우선 요인은 좋은 상품을 제공할 업체를 끊임없이 찾아내는 상품 소싱이다. 왜냐하면 판매되는 상품의 차이가 곧 서비스의 차이를 만들어내기 때문이다. 그래서 업체들에 대한 정보를 수집하고 고객 불만이 생길 가능성을 차단하기 위해 상품의 퀄리티를 직접 확인하는 것이 필요하다. 그리고 상품 소싱을 효율적으로 하려면 모든 상품을 다루는 잡화점이 아니라 특정 상품만을 취급하는 업종 전문화를 해야만 경쟁력을 키울 수 있다.

7. 홍보는 어떻게 해야 하나?

현재 인터넷을 기반으로 창업하는 회사 중 자본력을 갖추고 시작하는 경우는 5% 미만이다. 이것은 소셜커머스 쇼핑몰을 창업하려는 사람들도 같을 것이라 생각되는데, 상품 소싱, 홍보, 그리고 고객 불만의 처리까지 창업자가 모두 하는 것은 현실적으로 결코 쉬운 일이 아니다. 왜냐하면 창업자의 열정이 아무리 뜨겁고 부지런해도 몸은 '하나'뿐이기 때문이다. 그래서 창업초기 단계에는 상품 소싱에 주력하면서 홍보는 메타사이트를 최대한 활용하고, 회사의 조직이 갖추어지는 단계부터는 자체적인 홍보를 하는 것이 효율적이다.

8. 자본과 조직이 없는 소형 벤처가 다음이나 인터파크 같은 대기업과 상대가 될까?

자본력으로 모든 사업의 승부가 난다면 애초에 그루폰은 탄생할 수도 없었다. 그리고 소셜커머스 사업이 자금력만으로 밀어붙여서 되는 비즈니스 모델은 아니다. 왜냐하면 소셜커머스의 성패를 결정짓는 핵심요인은 '자금력'보다 '상품 소싱 능력'이기 때문이다. 상품 소싱은 창업자가 현장을 직접 발로 뛰고 확인하는 부지런함과 열정이 없으면 제대로 하기 힘든데, 창업자가 장기간 이렇게 하는 것이 머릿속으로는 가능하지만 실제로는 무리다. 중국의 격언 중에 이 말이 더 이상의 설명을 필요 없게 하리라고 생각된다.

의무적으로 달리는 사냥개는 살기 위해 달리는 토끼를 잡을 수 없다.